나는 영어보다
스페인어를
배우기로 했다

KB194783

나는 영어보다 스페인어를 배우기로 했다

남기성 지음

일에일북

먼저 스페인어와 친숙해지기

설렘을 안고 떠난 신혼여행에서 영어 때문에 아내와 말다툼이 생겼다. 상대가 도무지 내 영어를 알아듣지 못하는 탓에 신경이 날카로워졌기 때문이다. 10년을 넘게 공부한 영어인데, MILK가 뭐라고 현지인들은 제대로 못 알아듣는 거지? 발음 때문인가 싶어 혀를 꼬아가며 말해봤지만 사방이 나를 비웃는 것 같았다. 급기야 그날 이후 나는 영어를 피하기 시작했다.

하지만 현지에서 배운 스페인어는 달랐다. 일단 쉬운 발음에 상대가 내 말을 알아듣지 못하는 일은 거의 없었다. 그만큼 스트레스도 덜했다. 늦게 스페인어를 배우기 시작한 아내도 "영어와 비슷한 단어가 많아 편해. 발음만 스페인어식으로 바꾸면 되네"라며 흥미를 보였다. 영어만 나오던 뻣뻣하게 굳던 우리 부부는 현지에서 스페인어를 배웠다.

언어는 상대방과 주고받는 놀이와 같다. 배우고 익힌 것을 사용해, 상대방이 알아듣고 즐거워하며 반응까지 주었을 땐 성취감도 얻는다. 질문하고 대답하고, 다시 질문하는 순환과정이 언어를 배우는 매력이다. 이 과정을 통해 언어능력에 자신감도 생긴다. 신혼여행 때 우유 발음 사건 이후 자꾸 작아져 더 입을 떼기가 무섭고 두려웠다. 언어는 역시 자신감이다. 스페인어는 쉬운 발음 덕택에 주저할 필요가 없다. 그냥 내뱉으면 된다.

스페인어는 전 세계적으로 가장 배우기 쉬운 언어로 알려져 있다. 특히 한국 사람이 쉽게 배울 수 있는 언어 유형이다. 알파벳만 알면 모르는 단어도 읽을 수 있어 접근하기도 쉽다. 영어가 두려움과 답답함이 있는 언어였다면, 스페인어는 자신감을 얻을 수 있는 언어다. 스페인어로 자신감이 생기니 영어까지 배우고 싶은 마음이 일었다. 언어는 자신감이 생겨야 만날 수 있다. 늘지도 않는 영어를 무작정 고집하며 버티기 작전에 돌입하지 말자. 놓지도 못하고, 몰입도 못하면서 배우려는 영어는 스트레스다. 새해가 되면 큰 결심과 함께 학원에 등록하고 몇 개월 후 흐지부지되는 영어를 과감히 다른 언어로 바꿔보자. 스페인어는 자신감이며 나만의 특별기다.

¡No tengas miedo!
무서워하지 마세요!

잡은 줄을 놓으면 다 죽을 것 같지만 그 줄을 놓는 순간, 새로운 세상이 보인다. 형광등 빛만 유일하던 긴 터널을 통과하면 찬란하고 강렬한 태양이 나를 반기는 것과 같다.

이 책은 일반 시중에서 흔하게 볼 수 있는 스페인어 책과 다르다. 시중에는 회화부터 문법까지 수없이 많은 스페인어 책들이 있다. 초보자들이 스페인어 회화나 문법책을 보면 책장을 덮고 싶을 정도로 어렵다. 어디서 어떻게 공부해야 할지도 막막하다.

이 책은 내가 직접 경험한 이민 이야기를 곁들여 스페인어에 호기심을 갖도록 했고 혼자서도 스페인어 공부를 시작할 수 있도록 팁을 담았다. 모르는 언어에 대한 거부감보다 스페인어에 재미를 느낄 수 있도록 서술했다. 흥미를 얻는다면 쉽게 놓지 못하는 언어가 스페인어다. 스페인어는 그런 매력의 언어다. 이 책을 통해 스페인어에 대한 동기부여, 기초적 회화 지식을 얻고 스페인 여행을 편하게 할 수 있다면 저자로서의 역할은 다 한 것 같다.

사실 이 책의 팁과 부록만 자기 것으로 만들어도 스페인어권 여행이 전혀 불편하지 않을 것이다. 흥미를 얻고 매진해 좀 더 본격적으로 공부하거나 스페인어 시험을 보는 과정까지 발전시키는 것은 독자의 몫이다. 이 책으로 인연을 맺어 당신이 스페인어 매력에 빠지길 바란다.

언어는 먼저 익숙해져야 한다. 익숙함 없이 의무감으로 언어에 접근하면 금방 싫증을 느낀다. 익숙해지는 습관을 만들자. 원어민의 음성을 듣고, 드라마나 영화를 보면서 흥미를 유발시키자. 그렇게 관심을 가져 단어를 익히고, 회화 과정을 거쳐 화상 스페인어까지 도전하자. 마침내 스페인어는 당신의 것이 될 것이다.

이 책을 통해 영어로 인한 스트레스에서 벗어나 언어의 자신감을 가지길 진심으로 기원해본다. 그럼 새로운 언어 세상으로 입장해보자.

남기성

목차

CHAPTER 2
일상에 스며든 스페인어 찾기

CHAPTER 3
이럴 땐 이런 스페인어

CHAPTER 4

스페인어 제대로 공부해볼까?

이것만은 꼭! 스페인어 기초

① 알파벳과 발음

알파벳	발음	알파벳	발음
A a (아)	'아'	N n (에네)	'ㄴ'
B b (베)	'ㅂ'	ñ ñ (에녜)	'ㄴ'과 비슷
C c (쎄)	a, o, u 앞 'ㄲ' e, i 앞 'ㅆ'	O o (오)	'오'
CH ch (체)	'ㅊ'	P p (뻬)	'ㅃ'
D d (데)	'ㄷ'	Q q (꾸)	'ㄲ'
E e (에)	'에'	R r (에레)	'ㄹ'
F f (에페)	'ㅍ'	S s (에세)	'ㅅ' 또는 'ㅆ'
G g (헤)	a, o, u 앞 'ㄱ' e, i 앞 'ㅎ'	T t (떼)	'ㄸ'
H h (아체)	무성음	U u (우)	'우'
I i (이)	'이'	V v (우베)	'ㅂ'
J j (호따)	'ㅎ'	W w (우베 도블레)	'우'
K k (까)	'ㄲ'	X x (에끼스)	'ㅆ'
L l (엘레)	'ㄹ'	Y y (이그리에가)	'ㅇ'
LL ll (에예)	'ㅇ'과 비슷	Z z (쎄따)	'ㅆ'
M m (에메)	'ㅁ'		

② 발음:

표음언어인 스페인어는 스펠링을 보고 소리 나는 대로 발음하면
된다. 예를 들어 Bus는 '부스', DAEWOO는 '다에우'라고 읽는다.
국어처럼 모음과 자음의 합으로 생각하면 쉽다.

국어	스페인어
남 ㄴ + ㅏ + ㅁ	ba(바) b+a

③ 모음에 따라 발음이 다른 경우

- C c (쎄) ➜ a, o, u 앞 'ㄲ'   예) casa ➜ 까사

    e, i 앞 '쓰'   예) cerveza ➜ 쎄르베싸

- G g (헤) ➜ a, o, u 앞 'ㄱ'   예) gato ➜ 가또

    e, i 앞 'ㅎ'   예) gimnacio ➜ 힘나시오

④ 스페인어 강세

스페인어는 강세가 중요하다. 강세에 따라 의미가 달라지기도 한
다. 강세의 3가지 기본 법칙을 알아보자.

법칙1

모음이나 n, s로 끝나는 단어는 끝에서 두 번째 모음에 강세
예) casa(까사), examen(엑싸멘), texas(떽싸스)

n, s를 제외한 자음으로 끝나는 단어는 마지막 모음에 강세

예) hotel(오텔), profesor(프로페쏘르)

강세 부호가 붙은 단어는 붙은 단어 음절을 강하게 발음

예) música(무시카), teléfono(뗄레포노)

⑤ 스페인어 명사의 남성형과 여성형 구분

단어의 끝이 −o로 끝나면 남성형 명사, −a로 끝나면 여성형
명사다. 단, 예외도 있다.

예외) 남성 libro(리브로, 책), 여성 casa(까사, 집)

⑥ 정관사는 el, la, los, las, 부정관사는 un, una, unos, unas

정관사			부정관사		
	단수	복수		단수	복수
남성형	el (el libro)	los (los libros)	남성형	un (un libro)	unos (unos libros)
여성형	la (la casa)	las (las casas)	여성형	una (una casa)	unas (unas casas)

10년 배운 영어보다
스페인어가 재미있다

1.

거침없이 내게 다가온다. 가던 길을 돌아선다. 꿀 먹은 벙어리가 될 바에는 피하는 게 상책이다. 뒤돌아 걷는 동안 불안하고 눈은 찡그러져 올라가며, 뒤에선 옷깃을 당기는 것 같고, 나쁜 기운까지 몰려들어 등 뒤가 찌릿하다. 결국 심장마저 콩닥인다. 뛸까? 아니 줄행랑을 칠까? 어떻게 하지? 그런데 외국인은 그냥 지나쳐 간다. 가던 길을 갈 뿐이었다.

휴대전화를 만지작거리며 길거리 벤치에 앉았다. 오늘은 달아날 새도 없다. 어디서 나타났는지 영어로 '무어라' 질문한다. 상기된 얼굴, 어색한 웃음과 함께 힘껏 손사래만 친다. 그런데 곰곰이 생각해보면 모르는 문장도 아니었다.

Where is the subway station?
지하철역은 어디에 있나요?

모르는 단어가 하나도 없다. where(어디), subway(지하철), station(역) 이게 전부니 말이다. 머리를 쥐어짠다. '다음에는 겁먹지 말고 "This way, please(이쪽이에요)"라고 말해줘야지'라며 위로한다. 하지만 다음도, 그다음도 줄행랑치기 일쑤였다.

중학교 때부터 많게는 10여 년, 적게는 6여 년을 공부했으면서도 왜 영어에 유독 자신감이 없을까? 혹여 오랜 시간 영어시험이라는 병폐에 갇혀 완벽한 문법적 영어, 원어민처럼 유창한 발음만 추구하려는 패러다임에 갇혀 있는 게 아닐까? 몇 마디 내뱉고 나서는 문법에 맞는지 확인하고, 잘못된 문법 때문에 무시당하는 건 아닐까 또 확인하고. 이렇게 영어를 말하고 공부하니 맨날 제자리 걸음이다.

새해가 되어 확고한 의지로 학원을 등록한다. 그런데 아무리 열심히 해도 실력이 늘지 않는 것 같다. 단지 두어 달 지났을 뿐인데 말이다. 결국 '나하고는 영어가 맞지 않는다'라는 합리화로 학원을 또 그만둔다. 그렇게 우린 평생 영어에 대한 강박과 스트레스로 살아왔다. 돌이켜보면 인생에서 무엇 하나 짧은 시간에 판가름 난 적은 없지만 끈기라는 투자도 못 하면서 영어에 스트레스만 받고 살아왔다. 영어 스트레스에서 벗어나지 못할 바엔 이참에 더 우리에게 맞는 언어, 발음도 신경 쓸 필요가 없는 언어, 나만의 자신감을 키워줄 언어인 스페인어로 바꿔보는 건 어떨까? 스페인어는 영어보다 훨씬 배우기 쉬우니 말이다.

2.
호주 신혼여행지에서 있었던 일이다.

Milk, please.	우유 좀 주세요.
Pardon?	뭐라고요?

몇 번을 반복하다 결국 'M, I, L, K'라고 또박또박 스펠링을 말한다. 이제야 겨우 알아듣고 우유를 가지러 간다. 마음이 불편했다. 아니 우유라는 영어도 못 알아듣나? 혹 나를 놀리나? 내가 긴 문장을 말한 것도 아니잖아? 그리고 회사 입사 후 줄곧 영어학원에 다니면서 나름 실력도 많이 쌓았잖아?

영어만큼은 자신 있다며 과감히 자유여행을 선택했다. 하지만 여행하는 내내 사소한 발음으로 현지인과 부딪치며 신혼여행을 우울하게 보냈다. 중학교 때부터 배워온 영어 실력이 이 정도밖에 되질 않냐며 자책했다. 현지인들이 발음을 알아듣지 못하자, 더 혀를 꼬아 발음하는 촌극만 이어졌다. 결국 "pardon?"이라는 말만 계속 듣게 되었다. 지금도 그때를 생각하면 마음이 편치 않다. 대화로 실망했던 기억들만 생생하다. 그 이후 대화할 기회가 생겨도, 신혼여행에서의 기억 때문에 강한 트라우마가 생겼다.

쓰라린 기억은 나 혼자만의 경험이었나? 아니면 누구나 겪었던 경험인가? 이때의 아픈 기억 때문에 영어에 대한 자신감을 완전히 상실하게 되었고, '난 영어는 안 돼'라며 나를 옭아매게 되었다. 밀크milk라는 영어 발음 하나 때문에.

너 어디서 스페인어 배웠어? 발음이 좋다.

Pronunciar bien. (쁘로눈시아르 비엔)

스페인어를 배우며 멕시코 친구들에게서 자주 들었던 말이다. 사실 스페인어는 한국어처럼 각 음절을 똑같은 길이, 강도로 발음한다. 강약의 변화가 거의 없는, 음절의 박자 간격이 고른 음절박자언어syllable-timed language다. 그래서 스페인어는 한국 사람이 발음하기에 편하다. 멕시코에서 생활하는 동안 스페인어로 말할 때 발음을 지적하거나 못 알아듣는 경우는 없었다.

반면 영어는 단어마다 강세와 리듬이 강해서 음절마다 강하게도 약하게도 발음한다. 그러다 보니 우리에겐 그저 '쌀라 쌀라'로 들린다. 반대로 보면 영어를 사용하는 민족들에게는 한국어나 스페인어의 발음이 어렵다. 미국인들이 발음하는 스페인어를 들어보면 마치 외국인이 한국어를 하는 것처럼 어색하다.

발음에 신경 쓰지 않는 사람들은 목소리에 힘도 생기고 스페인 사람을 만나도 행동거지에 머뭇거림이 없다. 언어 하나로도 자신감이 생긴다. 내가 '영어를 못 해'라는 핑계가, '스페인어는 정말 재미있다'라고 자신감을 얻게 된 것처럼 말이다. 발음 걱정 없이 외국어를 배운다고 상상해보라. 발음할 때마다 더 꼬부려야 하는 혀를 신경 쓰지 않아도 되는 언어를 상상해보라. 발음을 외울 필요도 없다. 쓰여 있는 대로 읽기만 하면 된다. 읽는다는 것만으로도 흥미를 느낄 수 있는 언어가 스페인어다. 한국인에게 가장 편한 언어가 스페인어다.

꼭 알아야 할 기본 어휘

Hola(올라)	(만날 때) 안녕하세요
Mucho gusto(무쵸 구스또)	만나서 반갑습니다.
Gracias(그라시아스)	감사합니다.
Vale(발레)	알겠어(ok).
Adiós(아디오스)	(헤어질 때) 안녕히 가세요.
Perdón(뻬르돈)	실례합니다.
Lo siento(로 시엔또)	죄송합니다.
Sí(시)	네(yes).
No(노)	아니오(no).
No entiendo(노 엔띠엔도)	이해가 안 됩니다.

여행에서 나를 돋보이게 하는, 활용도 높은 스페인어

1.

멕시코 생활을 마감하고 한국으로 돌아가는 길, 미국 LA공항에서 있었던 일이다.

What's in the bag?

가방 안에 뭐가 있습니까?

크고 무거운 가방을 들고 있었던 탓인지 공항 직원의 눈초리가 매섭다. 무엇보다 멕시코에서 출발해 미국을 경유하니, 불법 이민자 취급했다. 눈빛에 의심도 가득했고 아무것도 아닌 일로 꼬치꼬치 캐물었다. "멕시코에 살면서 사용했던 물건들이죠. 난 영어보다 스페인어가 편하니까 스페인어 하는 직원을 좀 불러줬으면 좋겠네요."

그러자 다부진 체격의 직원이 오더니 오자마자 눈을 깔고 고압적으로 질문한다. 만약 영어로 질문을 받았다면 어땠을까? 나는 또 당황하고 말았을 거다. 스페인어를 할 수 있는 직원이 오자 내 현재 상황을 좀 더 이야기할 수 있었다. 미국은 경유지일 뿐이며 한국행 비행기 티켓이 있다는 것을 보여주고 나서야 겨우 다음 장소로 이동할 수 있었다.

미국에서는 당연히 영어만 사용해야 할 줄 알았는데 스페인어 덕분에 이렇게 쉽게 해결되다니! 이 외에도 미국에서 스페인어를 사용한 일은 의외로 많았다.

"이건 얼마죠?"

¿Cuánto es esto?(꾸안또 에스 에스또)

"태그에 보면 세일 가격이 적혀 있어요."

"더 할인은 안 되나요?"

"원칙적으로 안 되는데, 만약 더 많이 구매하면 생각해볼게요."

여행 영어회화 예문에 나올 것 같은 이 대화는 LA 아울렛 매장에서 직원과 스페인어로 나눈 대화다. 난 이 대화를 유창하게 할 정도로 영어가 능숙하지도 않고 자신감도 없지만, 내게는 스페인어가 있다. 아울렛 매장을 돌아다니며 가격 흥정을 하거나, 원하는 디자인을 찾을 때는 스페인어로 대화를 나누었다. 스페인어 덕택에 할인도 받을 수 있었다. 멕시코도, 다른 중남미 국가도 아닌 미국 LA 한복판 아울렛 매장에서 말이다.

　　그런데 이런 대화들이 동시통역을 요하는 정도의 유창한 수준일까? 그저 스페인어 몇 단어만 알고도 대화를 나눌 수 있는 수준이다. 단지 내뱉는 말에 머뭇거림만 없다면 가능하다. 미국 LA, 애리조나, 뉴멕시코, 텍사스, 플로리다 등 미 남서부를 여행할 때, 사용하는 영어가 불편하거나 영어 울렁증이 있다면 스페인어를 사용하자. 여행 내내 불편함이 전혀 없다. 미국 남서부 도시를 걷다 보면 스페인어로 대화하는 히스패닉계 사람들을 쉽게 볼 수 있다. 미국 전체 인구의 13.5%가 히스패닉이다. 그들은 미국 주류 사회에 유화되지도 않고 그들만의 독특한 문화를 유지하며 독자적인 사회를 유지하고 있다고 한다. 미 남서부 여행을 하면서 전혀 불편하지 않은 언어! 미국인들의 제2외국어인 스페인어.

　2.

　　페루 리마의 고속버스 정류장(Terminal javier prado; 떼르미날 하비에르 쁘라도) 대합실, 흡사 서울 고속터미널 같다. 분명 들리는 안내방송은 스페인어지만 대합실에는 한국인 30여 명이 앉아 있다. 이카Ica행 버스를 타고 같이 이동했다. 버스 안에선 한국어만 들렸다. 배낭 하나로 남미를 일주하는 대학생, 주부, 직장 은퇴자들이었다. 어떻게 남미 여행을 시작했을까?

한 여행자는 남미 여행을 위해 4년 동안 준비했다고 한다. 경비를 모으고, 남미 역사도 공부하고, 스페인어도 공부하면서 꿈을 키웠다고 한다. 결국 꿈이 현실이 되었으며, 지금은 더할 수 없이 행복하게 남미 여행을 즐기고 있다고 한다. 꿈을 이루어서 그런지 그들의 행복한 웃음이 버스 가득 넘쳤다.

스스로에게도 질문을 던져본다. '지금 나는 어떤 꿈을 꾸고 있나?', '혹여 꿈이란 것이 있기는 한가?' 그저 매일 아침 바쁘게 일어나고, 씻는 둥 마는 둥 뛰어가고, 지하철에선 그저 스마트폰으로 시간을 보내고, 회사에선 하루종일 기계처럼 반응하다, 시간이 되면 또 스마트폰과 함께 퇴근하고, 집에선 TV와 함께 하루를 마감한다. 내일도 글피도 똑같은 일상을 보내는 건 아닌지, 설렘이나 꿈도 없이 하루를 그냥 그렇게 살아가고 있는 건 아닌지 곱씹어본다.

다카하시 아유무의 "소중한 것을 깨닫는 장소는 언제나 컴퓨터 앞이 아니라 파란 하늘 아래였다"라는 말처럼, 여행은 떠나는 순간부터 깨달음을 준다. 배낭여행객들로 유럽이 떠들썩했던 것이 엊그제 같은데, 이제는 배낭족들이 남미로 몰려들고 있다. 스페인어는 앞으로 선택이 아닌 필수가 될지도 모른다.

쿵, 쿵 끝없이 심장이 헐떡이며 긴장감을 극한 곳까지 몰고 간다. 서서히 안개가 걷히며 장엄함을 드러낸다. 감격으로 미동도 할 수 없다. 잉카제국의 마지막 성전 '마추픽추'다. 마추픽추는 성지 같은 경외한 곳으로 보는 이의 눈시울을 젖게 한다. 삶의 활력소로써 페루 마추픽추 여행은 어떤가? 하루를 살아가며 감동도 행복도 꿈도 없이, 풀 죽은 병아리처럼 이리저리 휘몰리며 살아가고 있다면 더욱더 마추픽추를 추천한다. 마추픽추는 입이 벌어지는 삶의 청량제다.

안데르센은 "여행은 정신을 다시 젊어지게 하는 샘이다"라고 말했다. 어쩌면 여행은 새로운 청춘의 발견이다. 나이에 연연하며 매일 후퇴하며 사는 삶이 아닌 '생각하는 일을 하는 것', '열정', '오늘을 즐기고 오늘을 느끼는 것', '두려워하지 않는 것', '마음먹고 실천해보며 부딪치는 것'과 같은 청춘의 삶을 호흡할 수 있는 것이다. 남미를 걷고 느끼고 호흡하다 보면 그런 열정의 기운이 솟는다. 남미는 그런 곳이다.

스페인어 공부해 미지의 땅 중남미로 떠나보자. 마추픽추 계단을 오르면 누구랄 것도 없이 "¡Hola!"를 건네는 여유가 생긴다. 마추픽추를 찾기 전 인사말 Hola(올라; 안녕), Gracias(그라시아스; 고마워), De nada(데 나다; 괜찮아)를 기억해두자. 스페인어는 인사말이 시작이다.

입국신고서의 스페인어

Apellido(아뻬이도) 성

Nombre(놈브레) 이름

Fecha de Nacimiento(페차 데 나씨미엔또) 생년월일

　dia(디아) 일

　mes(메스) 월

　año(아뇨) 년

Pasaporte No.(빠사뽀르떼 누) 여권번호

Ciudadania(씨우다다니아) 국적

Firma(피르마) 서명

스페인어를 통해 한 뼘 더 넓어지는 세계

1.

하나, 두리, 삼이.

친하게 지내던 멕시코 현지인들에게 붙여준 이름이다. 18살 친구는 하나, 17살 친구는 두리, 15살 친구는 삼이로 별칭을 만들어 주었다. 이들은 이 한국어 이름이 너무 좋다며 자기들을 볼 때마다 애칭으로 불러달라고 요청했다. 그래서 나를 '형'이라 불러야 된다고 했다. 그들이 어설픈 발음으로 '형'이라고 부르면 한참을 웃곤 했다. 아들뻘 나이인 이들에게 이런 호사(?)를 누리다니. 한국인으로부터 애칭을 듣고 싶기도 하고, 나와 친구가 되었다는 만족감에 그들은 매일 내 가게에 들르곤 했다.

그들은 내 이야기를 들으며 한국이라는 나라에 대해서 갈망했다. 난 그들과의 대화 덕분에 더 빨리 스페인어를 배울 수 있었다. 주말마다 펼쳐진 파티에 자주 초대되었다. 파티에는 살사 춤이 기본이었는데, 몸치인 나는 파티장을 웃음바다로 만들었다. 나이를 떠나 누구나 친해질 수 있는 멕시코였다.

언어는 친숙함과 교감의 도구다. 말이 통한다는 것은 빠르게 그들과 동화되게 한다. 친구 만들기가 어려운 사람들은 스페인어를 배워보라. 다른 국적을 가진 친구를 쉽게 만들 수 있다. 언어는 가장 빠른 교화의 힘을 가진 도구이며 따뜻한 내면의 온도를 전한다. 이기주 작가는 『언어의 온도』에서 "사랑하는 사람과 시선을 나눌 수 있다는 것, 참으로 소중한 일이 아닐 수 없다. 눈을 동그랗게 뜨고 상대를 자세히 응시하는 행위는 우리 삶에서 꽤 중요한 의미를 지닌다"고 했다. 누군가와의 교감은, 누군가와의 대화는 우리 삶에서 꽤 중요한 바탕이며 의미다.

2.

Besa me besa me mucho, como si fuera esta noche~
(베사 메 베사 메 무쵸, 꼬모 씨 푸에라 에스타 노체)

멕시코 현지 크루즈 여행에서 노래자랑이 열렸다. 나는 스스로 대한민국을 대표한다고 생각하며 〈베사메무쵸〉를 불렀다. 고故 현인의 노래를 모르는 사람은 없었다. 내가 스페인어로 부르는 동안, 따라 부르는 한국 관광객들로 섬은 들썩였다. 사회자는 감탄했다. 자기도 이 노래를 이렇게 감칠맛 나게 부르진 못한다고 말이다. 그 동안 한국 여행객이 부른 번안곡 〈제비〉도 감탄을 자아냈다.

노래자랑에서 난 1등을 했다. 돌아오는 선상에서 다른 관광객들로부터 최고라는 찬사를 받기도 하고, 같이 사진을 찍자는 사람들도 있었다. 호텔로 돌아오는 버스에선 사람들과 〈베사메무쵸〉를 합창했다. 현지 버스기사도 흥에 겨워 같이 부른다. 그날 이후 〈베사메무쵸〉는 나의 18번 노래가 되었다.

한국에 들어와서는 모임에서 스페인어로 〈베사메무쵸〉를 부른다. 듣는 사람들은 익숙한 곡이라 좋아했고 종종 흥얼거리며 따라 부르기도 했다. 스페인어를 처음 배우는 사람들은 귀에 익숙한 노랫말의 원어를 함께 들어보자.

3.
"크리스마스 행사 때 심수봉의 번안곡 〈끼싸쓰 끼싸쓰 끼싸쓰 (Quizas quizas quizas; 아마도 아마도 아마도)〉를 부를 겁니다. 물론 한국어가 아닌 스페인어로 다 외워서 부를 겁니다."

스페인어를 배우는 사람들에게 과제를 주었다. 당연히 외우는 데 오랜 시간을 할애했다. 무사히 장기자랑도 마쳤다. 이후 〈끼싸쓰〉 노래만 나와도 반가워 한다. 노래 부를 기회만 생겨도 이 곡을 부른다고 한다. 노래가 끝나면 "어느 나라 노래예요?", "스페인 어는 어디서 배웠어요? 멋지네요"라며 묻는 사람들에게 둘러싸여 주인공이 된 듯한 느낌을 받는다고 한다. 이렇듯 스페인어는 특별 함이 있다. 스페인어 노래 하나 정도만 익혀도 사회생활은 풍부하 고 소중해진다. 함께 스페인어를 공부하는 회원들이 가끔 이런 말 을 하기도 한다.

"TV에서 스페인어만 들리면, 설거지하다가도 달려가요."
"스치듯 들리는 단어를 알아들으면 괜히 뿌듯해져요."

Alegre.(알레그레)

그들에게 희열은 무슨 의미일까? 그들이 전율을 느끼는 이유는 무엇일까? 거창한 것도 아니다. 그저 스페인어라는 언어에서 만 족감을 얻고 행복감을 느끼는 것이다. 단지 스페인어를 안다는 이 유로. 우리는 살면서 닭살 돋는 전율을 얼마나 느끼며 살까? 그저 그렇게 평범한 인생에서 이런 감정들을 얻을 수 있을까?

스페인어를 배우는 회원들은 많은 나이에도 배움의 끈을 놓 지 않았다. 물론 '이 나이에 무슨 큰 영광을 얻겠다고 이런 걸 배 우나?'라며 좌절하기도 했다. 0이 되기 위해 포기를 선택하느냐? 100이 되기 위해 버티느냐의 싸움인 것 같다. 포기는 편하다. 그 래서 더 쉬울지도 모른다. 그런데 인생의 희열이 그렇게 쉽게 찾아올까? 회원들은 서로 격려하고 위로하며 스페인어 배우기에 열정을 쏟았다. 이남순 작가는 『나는 이렇게 평화가 되었다』에서 "긍정적인 마음의 힘과 작용을 몸으로 체험하게 되니 마음과 정신의 본질에 대해서 깊이 생각하게 되고 자연적으로 명상에도 심취하게 되었다. 내 몸속에서는 희열감이 뭉게구름처럼 떠오르곤 했다"라고 했다. 스페인어를 배우는 이들은 말한다. 희열은 열정에 비례한다고. 더불어 자신과의 새로운 만남을 스페인어가 만들어줬다고 말이다.

스페인어 인칭대명사

인칭	단수	복수
1인칭	yo(요) 나는	nosotros(노소뜨로스) 우리들(남성) nosotras(노소뜨라스) 우리들(여성)
2인칭	tú(뚜) 너는	vosotros(보소뜨로스) 너희들(남성) vosotras(보소뜨라스) 너희들(여성)
3인칭	él(엘) 그는 ella(에야) 그녀는 usted(우스뗀) 당신은	ellos(에요스) 그들 ellas(에야스) 그녀들 ustedes(우스떼데스) 당신들

* 3인칭의 usted은 Ud., ustedes은 Uds.로 줄여 쓴다.

* 스페인어는 3인칭 이외에는 문장에서 주어를 생략한다.

예) Yo soy Coreano.(요 소이 꼬레아노) ➜ Soy Coreano.(쏘이
꼬레아노)

자신 있게 내뱉으며 배우는
나만의 스페인어 필살기

1.

스페인어를 배우는 한 회원이 "제 남편은 매일 전화영어를 합니다. 외국으로 여행을 갔을 때 영어로 대화하는 남편을 보면 부럽기도 하고 약 오르기도 하더라고요"라고 했다. 하지만 스페인어를 배우며 언어에 대한 동등한 자신감이 생겼다며 자랑한다. 남편이 스페인어를 한마디도 몰라, 일부러 큰소리로 말하기도 하고 집에서 과제도 더 열심히 한다고 한다. "무슨 말인지 하나도 모르겠네"라고 할 때면 "당신은 영어를 잘하지만, 난 스페인어를 잘한다고"라며 괜스레 우쭐해지고, 동시 통역 수준이라며 칭찬까지 해줄 땐더 열심히 해야겠다고 마음먹는단다. 여전히 열심히 스페인어를 공부하고 있다.

아인슈타인은 "똑같은 일을 하면서, 똑같은 방법으로 더 나은 성과를 기대하는 것처럼 어리석은 것은 없다"라고 했다. 음식점에선 맛으로 다른 음식점과 차별화하고, 조직에선 더 큰 성장을 위해 그 조직만의 차별화 전략을 만들 듯, 스페인어로 자신만의 무기를 만들자. 너도나도 영어를 할 때 나도 같이 하면 경쟁만 높아지고 차별성이 없어진다. 나만의 언어 스페인어를 하라. 영어를 하는 사람들 사이에서 자신감이 생기는 언어가 스페인어다.

'어차피 애네들도 한국어를 못 하잖아! 기죽지 말자. 못 알아들으면 천천히 질문하겠지!' 스페인어를 말할 땐 어순이 틀려도, 단어가 생각나지 않아도 그냥 뱉어 버렸다. 영어권에선 알아듣지 못한다고 'pardon'만 반복해서 당황했지만, 스페인어권에선 못 알아들으면 더 알아들으려고 귀를 기울여주었다. 그러다 보니 오히려 더 자신 있게 질문하게 되었고, 그렇게 몇 번을 이야기하다 보니 목소리에는 힘이 생겼다. 박수치며 알아들었단 반응을 해줄 땐 감사하기까지 했다. 발음, 어순을 걱정하지 않으며 말한 경험들이 스페인어에 대한 자신감을 안겨주었다. 몇 마디 하지 않아도 자기 나라의 말을 할 줄 안다며 신기해하고 즐거워하는 현지인들 덕이었다. 스페인어는 언어적 장벽을 느끼지 않는 신바람 나는 언어다. 현지인들로부터 용기와 칭찬을 받는 자신감의 언어다.

2.

¿Cómo estás?(꼬모 에스따스)

어떻게 지내?(How are you?)

스페인어 첫 수업 때 배운 문장이다. 스페인어 알파벳도 몰랐던 시절이라 수업 동안 멍하니 앉아만 있었다. 나는 "¿Cómo estás?" 문장 하나만 되새김질하며 확실히 기억했다. 그날 저녁에 시내 공원으로 나갔다. 멕시칸에게 "¿Cómo estás?"라고 인사를 건넸다. 물론 멕시칸의 대답은 전혀 알아들을 수 없었고, 그 이상 질문도 할 수 없었다. 하지만 이날 이후로 "¿Cómo estás?"만큼은 확실히 내 것으로 만들었다. (스페인어 의문문은 문장 앞에 ¿, 뒤에 ?가 사용된다.)

아마 처음부터 문법이니, 동사변형이니 하며 문법적 사고를 키웠거나, 한마디밖에 모른다고 창피해하며 부끄러워했다면 내 스페인어는 더 이상 진도를 나갈 수 없었을 것이다. "맨 땅에 헤딩하듯" 석 달 정도 공부하고 나니 간단한 대화는 가능했다. 물론 완벽히 알아들을 순 없었지만 대화하는 데 불편함도 없었다.

이 경험을 통해 처음 만나는 사람들의 질문 패턴은 몇 달이 지나도 비슷하다는것을 깨달았다.

¿De dónde eres?(데 돈데 에레쓰)

국적이 어디인가요?

¿Dónde aprende español?(돈데 아쁘렌데 에스파뇰)

스페인어는 어디서 배우나요?

¿Cuándo vino México?(꾸안도 비노 메히꼬)

멕시코에 언제 왔어요?

¿Cómo te llamas?(꼬모 떼 야마스)

이름이 뭐예요?

¿Cuántas horas se tarda en avión desde aquí hasta Corea?

(꾸안따스 오라스 세 따르다 엔 아비온 데스데 아끼 아스타 꼬레아)

여기서 한국까지는 비행기로 몇 시간이 걸리나요?

받는 질문이 채 10문장도 되지 않았다. 물론 나중에 알고 보니 이 10문장 중에 과거형도 있었다. 하지만 문법을 생각하지 않고 반복해서 연습을 하다 보니 쉽게 스페인어를 머릿속에 기억시킬 수 있었다. 무엇보다 이렇게 짧은 시간에 의사소통을 할 수 있다는 게 신기할 정도였다.

언어는 의사소통이다. 현지에서 태어나고 자라지 않는 이상 모국어를 구사하는 현지인처럼 완벽하게 구사할 순 없다. 언어를 배울 때 가장 중요한 것은 '발음이 정확한가?', '문법이 맞는가?'를 고민할 것이 아니라 그냥 내뱉어 버리는 것이다. 용기 있게.

외국인이 한국어를 말하는 것을 들을 때 '발음이 맞나?', '어순이 맞나?' 판단하지 않듯이, 우리도 외국어를 배울 땐 그냥 내뱉어버려야 한다. 분석하고 점검하는 데 지나치게 많은 시간을 보내면, 시기를 놓쳐 기회를 잃어버릴 경우가 많다. 아무것도 시도하지 않으면 0%지만 일단 시도하고 나면 50% 확률로 접근하듯, 언어를 그렇게 배워야 한다. 앞으로 나아갈 때 가장 어려운 것 중 하나가 머뭇거림이다. 습관적으로 머뭇거리게 되면 진짜로 나아가야 할 때 과감히 나아가지 못한다. 결국 머뭇거림이 만성적 습관이 되어 매일 정체된 삶을 살아가게 된다.

스페인과 포르투갈 여행을 다녀온 회원이 "선생님이 가르쳐주신 스페인어 덕분에 여행 잘 다녀왔습니다"라며 인사한다. 스페인어 덕분에 여행은 유익했고, 아이들과 남편 앞에서 새로운 모습을 보여줬다고 한다. 아무도 알아듣지 못하는 스페인어를 혼자 알아들었으며, 기내에선 얼음물도 주문하고(Agua con hielo, por favor; 아구아 꼰 이엘로, 뽀르 파보르), 현지 관광센터에선 관광지도도 공짜로 받았다고 한다. 여행 내내 가족들이 자신을 우러러보았다며 자랑한다. 아찔한 순간도 있었다. 스페인 박물관에선 아이들과 길이 엇갈려 찾는 데 애를 먹기도 했지만, 안내센터에서 안내방송을 요청하면서 무사히 아이들과 조우했다 한다. 스페인어를 몰랐다면 안내방송 요청이 얼마나 난감했을까? 물론 손짓 발짓으로 가능할 수도 있겠지만 말이다. 포르투갈 여행에서도 비슷한 라틴어라 알아듣는 데 무리가 없었다며 스페인어의 중요성을 같이 공부하는 회원들에게 다시 한 번 강조한다. 스페인어는 그 회원만의 필살기가 되었다.

고故 구본형은 『구본형의 필살기』에서 "재능이란 천재들의 이야기가 아니라 '평범한 재능을 비범하게 발전시킨 보통 사람들의 이야기'임을 늘 기억해야 한다"라고 했다. 당신은 언어 필살기를 가지고 있는가? 그렇지 않다면 스페인어로 언어 필살기를 가져보는 건 어떤가?

영어의 be동사와 같은 ser, estar 동사

스페인어는 주어의 인칭에 따라 동사가 변형된다. ser와 estar 동사는 어떤 차이가 있을까? ser(쎄르)는 국적, 직업, 성격 등 지속적이며 한결같은 특성일 때 사용한다. estar(에스따르)는 사람의 건강, 기분 등 일시적이며 변화하는 상태일 때 사용한다.

① ser 동사: ~이다

주어의 이름, 직업/신분, 국적, 성격을 나타낸다.

주어	ser 동사 변형	서술어	뜻	구분
yo	soy(쏘이)	marco (마르코)	나는 마르코이다.	이름
tú	eres(에레쓰)	estudiante (에스뚜디안떼)	너는 학생이다.	직업/ 신분
él, ella, Ud.	es(에쓰)	coreano (꼬레아노)	그는 한국 사람이다.	국적
nosotros	somos(쏘모스)	inteligente (인뗄리헨떼)	우리는 똑똑하다.	성격

| vosotros | sois(쏘이스) | cantantes (깐딴떼스) | 너희들은 가수다. | 직업 |
| ellos,ellas, Uds. | son(쏜) | jovenes (호벤에스) | 그들은 젊다. | 특징 |

Soy coreano.(쏘이 꼬레아노) 나는 한국 사람입니다.

② estar 동사: ~이다, ~ 한 상태다

기분, 감정 등 상태를 나타낸다.

주어	estar 변형	예
yo	estoy(에스또이)	Estoy bien. (나는 기분이 좋다.)
tú	estas(에스따스)	¿Como estas? (오늘 기분이 어때?)
él, ella, Ud.	esta(에스따)	Esta sucia. (지저분하다.)
nosotros	estamos (에스따모스)	Estamos muy bien. (우리는 정말 기분좋다.)
vosotros	estais(에스따이스)	¿Estais bien? (너희들은 기분이 좋니?)
ellos, ellas, Uds.	estan(에스딴)	Estan feliz. (그들은 기쁘다.)

¿Como estas?(꼬모 에스따스) 어떻게 지내요?(How are you?)

Estoy bien.(에스또이 비엔) 잘 지내요(I'm fine).

스페인어를 사용하는 나라의 문화 들여다보기

　스페인이 아메리카 대륙을 400여 년 동안 점령하면서 스페인어는 세계적 언어가 되었다. 중남미는 포르투갈어를 사용하는 브라질, 영어를 사용하는 자메이카를 제외하면 대부분의 나라가 스페인어를 사용한다. 스페인어를 배우면 이들 나라의 독특한 문화까지 접할 수 있다.

　1.
　태양의 나라 스페인 하면 가장 많이 알고 있는 문화가 투우다. 경주라는 뜻의 투우(corrida de torros)는 귀족들의 오락거리로 성행하다 18세기가 되어서야 일반 군중들의 구경거리가 되었다. 동물학대라는 여론도 있지만 스페인의 전통문화로 인정받고 있다. 소를 작대기 창으로 찌르는 말 탄 투우사(picador; 삐까도르)와 장식이 달린 창으로 소의 어깨나 머리에 찌르는 투우사(banderillero; 반데리예로)가 먼저 소를 찔러 힘을 빼고 흥분시키면, 최종적으로 소를 찔러 죽이는 역할을 맡은 투우사(matador; 마따도르)가 막대에 매단 빨간 천(muleta; 물레따)을 이리저리 휘두르며 유혹한 뒤 소를 찔러 죽여 마무리하는 경기다. 투우 경기 때 나오는 음악을 pasodoble(빠소도블레)라고 한다. 경기 후 소의 귀와 꼬리는 잘려져서 명연기를 펼친 투우사에게 전리품으로 전달된다. 스페인 최초의 투우 경기장은 론다Ronda에 있다. 론다의 대표 명물에는 누에보Nuevo 다리도 있다.

   열정이 가득한 나라 멕시코 하면 데킬라와 따코다. 데킬라는 다육식물인 용설란Agave으로 만든 것이다. 8~10년 정도 자란 용설란의 밑동을 잘라 푹 익혀 짜낸 즙을 발효시켜 만든 알코올 도수 40도 정도의 술이다. 숙성 정도에 따라 블랑코Tequila Blanco(숙성하지 않은 것으로 투명한 색깔이며 칵테일용으로 사용), 레포사도Tequila Reposado(2개월~1년간 숙성한 것으로 황금색), 아네호Tequila Añejo(1년 이상 숙성한 것으로 색깔은 레포사도보다 더 진한 황금색)로 등급이 나눠진다. 데킬라를 마실 때는 라임과 소금을 곁들여 마시며, 일반적으로는 손등에 라임을 문지른 후 소금을 뿌려 핥은 후

샷을 하고 레몬을 물어 즙을 먹는다.

멕시코 음식으로는 또르띠야Tortilla(옥수수나 밀가루 반죽으로 만두피처럼 만든 멕시코 주식)에 소고기, 돼지고기 등의 고기와 야채, 콩 등을 올리고 살사salsa(소스)를 첨가해서 먹는 따코Taco가 있고, 또르띠야에 치즈, 콩, 야채 등을 넣고 구워서 먹는 께사디야 Quesadilla, 구운 소고기나 닭고기와 야채를 또르띠야에 올려서 먹는 파히따Fajita, 또르띠야에 고기, 야채, 치즈 등을 넣고 말아서 매운 소스를 바른 후 구워서 치즈 등을 뿌려 먹는 엔칠라다Enchilada 등이 있다.

앤틸 열도의 진주인 쿠바는 살사의 나라다. 쿠바를 여행하면 학원 같은 곳에서 1시간, 2시간 단위로 살사 수업을 들을 수 있다. 살사Salsa는 sal(소금)과 salsa(소스)라는 단어에서 유래되었는데, sal(소금)과 salsa(소스)는 음식의 양념이다. 특히 중남미 salsa(소스)는 맵기까지 하다. 살사는 이런 기본양념처럼 화끈하고 격렬한 춤으로 노동을 통한 힘든 인생에 활력을 준다는 의미다.

살사의 뿌리는 쿠바인들의 룸바rumba이며 1950~1960년대에 뉴욕으로 이주한 쿠바인과 푸에르토리코인들의 모임에서 활성화되기 시작했다. 쿠바를 여행한다면 길거리 어디서나 타악기 소리를 들을 수 있고 음악에 맞춰 살사 추는 모습을 볼 수 있다.

쿠바에서 쉽게 접할 수 있는 음악 중 우리에게도 익숙한 관타나메라Guantanamera가 있다. 관타나메라는 가장 아름답고 대중적인 라틴음악 중 하나로, 쿠바 동부 주 이름인 '관타나모의 시골 여인'이라는 뜻이다. 호세 마르띠의 시에 곡을 붙인 것으로 한국의 〈아리랑〉과 같은 쿠바 제2의 국가다. 쿠바는 여행 자체만으로도 어깨가 들썩이는 재즈와 춤의 나라다.

잉카의 영혼이 숨쉬는 나라 페루하면 마추픽추와 세비체다. 잃어버린 공중도시 마추픽추는 현지어인 케추아어로 '오래된 봉우리'를 의미하며, 산 아래에서 보이지 않기 때문에 '공중도시'로 불린다. 2007년 세계 7대 불가사의로 선정된 마추픽추는 유적 총면적이 4만 평에 이르며 유적 주위는 5m 높이와 너비 1.8m의 견고한 성곽이 에워싸고 있다. 여기에 계단식 밭이 3천 단, 지어진 건물만 해도 약 200호 정도 된다. 40단이 넘는 계단식 밭에서 나는 옥수수로 1만여 명에 이르는 주민들이 충분히 먹고 살았다고 전해진다. 철과 바퀴도 없이 20톤이 넘는 돌들을 고산지대까지 옮긴 점, A4용지 한 장 들어갈 수 없이 돌을 재단해 축조한 점 등은 아직도 풀 수 없는 수수께끼다. 건물의 훼손을 막기 위해 하루 입장객을 2,500명 정도로 제한하고 있다.

페루의 가장 대표적인 음식은 세비체다. 세비체는 한국의 육회나 일본의 생선회와 같은 날생선 요리다. 민물생선, 바다생선, 해산물을 잘게 썰어 레몬이나 라임 같은 감귤류에 담근 후 고수, 고추, 다진 양파, 마늘, 소금 및 향신료를 넣고 숙성시킨다. 일정 시간이 지나면 해산물에 진한 국물이 흡수되어 새콤하고 독특한 맛을 만들어낸다. 아삭한 식감이 일품이다. 페루 여행에서 세비체도 즐기고 공중도시 마추픽추에서 눈물 나는 감동도 느껴보자.

아르헨티나는 탱고의 나라다. 부에노스 아이레스(Buenos Aires; 좋은 공기)에서 가장 쉽게 들을 수 있는 것은 반도네온Bandoneon 소리다. 탱고를 애조 띤 음색으로 표현하는 반도네온은 탱고의 독특한 리듬을 잘 살린다. 사실 탱고는 이민자들의 삶의 애환과 외로움에서 탄생했다. 처음에는 부둣가의 하층민 남자들끼리 추었던 춤으로 아르헨티나 사람들은 싫어했다. 하지만 많은 작곡가들이 탱고에 활력을 불어넣기 시작했고, 클래식 연주를 통해 혁신의 길로 인도했다. 특히 아스토르 피아졸라Astor Piazzolla는 독창적인 탱고 시대를 열었다. 탱고에 대한 피아졸라의 확신이 유럽인들을 열광시켰고 결국 아르헨티나 사람들도 좋아하게 되었다.

강렬하고 매혹적인 춤 탱고는 2개의 가슴과 3개의 다리로 추는 춤으로 아르헨티나 사람들에게는 삶이자 소통의 창이다. 부에노스 아이레스는 탱고를 가르치는 아카데미가 곳곳에 있고 탱고 마니아들은 본고장에서 탱고를 배우기 위해 오늘도 아르헨티나를 찾는다. 최고의 탱고 공연을 즐길 수 있는 곳은 부에노스 아이레스의 발카르세Balcarce 거리다. 8월에는 탱고의 심장 부에노스 아이레스에서 최대 탱고 축제가 열린다. 반도네온 소리와 함께 탱고의 열기를 즐겨보자.

2.

스페인어권 문화 중 공통적인 인사법에는 악수, dos besos(도스 베소스), 포옹이 있다. 스페인과 남미에서는 처음 만날 때 기본적으로 악수를 나눈다. 악수로 인사를 할 때는 상대방의 눈을 마주치는 것이 좋다. 한국처럼 고개를 숙이거나 허리를 숙이면서 인사할 필요는 없다. 두 번 이상 만났거나 친해진 사이는 서로의 뺨을 오른쪽 뺨, 왼쪽 뺨 순서로 맞대면서 번갈아 인사하는 dos besos(도스 베소스)를 한다. 뺨을 맞대며 쪽 소리를 내는데 가볍게 입으로 소리를 내는 것이며 상대방의 볼에 입을 맞추는 것은 실례다. 친한 친구 사이나 가족들에게 인사를 할 때는 포옹을 하면서 dos besos(도스 베소스)를 한다.

이 외에도 스페인어권에는 지구촌에서 가장 긴 나라인 칠레의 와인과 이스터 섬, 세상에서 가장 아름다운 거울이라는 우유니 사막을 가진 볼리비아 등 수많은 볼거리와 문화를 가진 나라들이 있다. 살면서 한 번쯤 가보고 싶은, 가봐야 할 스페인어권 나라에서 멋진 문화 경험을 해보자. 상상할 수도 없는 감동과 희열을 안겨줄 것이다.

스페인어 인사말

스페인어 인사말은 영어처럼 시간에 따라 다르게 사용한다.

¡Buenos días!(부에노스 디아스)	아침 인사(아침 해가 뜨고 난 후)
¡Buenas tardes!(부에나스 따르데스)	점심 인사(점심을 먹은 후)
¡Buenas noches!(부에나스 노체스)	저녁 인사(해가 지고 난 후, 잠들기 전)

헤어질 때 인사말을 알아보자.

Hasta pronto(아스따 프론또)	곧 보자
Hasta mañana(아스따 마냐나)	내일 봅시다
Hasta luego(아스따 루에고)	또 만납시다, 안녕히 가세요
Adiós(아디오스)	안녕(헤어질 때)

이 단어만은 꼭!

hasta(곧), pronto(곧), mañana(내일), luego(빨리)

우리 일상에 스며든
스페인어 단어들

1.

언어는 쉽게 접근할 수 있어야 배우기 좋다. 그런 의미에서 볼 때 우리는 일상에서 스페인어를 사용하고 있다. 그런데 스페인어인지도 모르고 사용하거나 지나쳤던 단어가 많다.

커피숍 간판으론 poco poco(뽀꼬 뽀꼬; 조금씩 조금씩), la novia(라 노비아; 여자친구), cafe de cielo(카페 데 씨엘로; 하늘의 카페), cafe del tren(카페 델 트렌; 기차 카페), casa cafe(까사 카페; 집 카페), lindo(린도; 귀여운, 이쁜) 등이 있고, 음식점으로는 dos tacos(도스 따코스; 따코 2개), que rico(께 리꼬; 맛있다), 가구점 casa mia(까사 미아; 나의 집), 레스토랑 ola(올라; 파도), 패션 의류

comodo(꼬모도; 편안한), 자동차 avante(아반떼; 앞으로) 등 곳곳에서 스페인어가 사용된다.

스페인어를 알고 나면 가게 주인이 어떤 마음으로 그 이름을 지었을까 하는 호기심이 생긴다. 길거리를 걸을 때마다 간판 보는 재미도 생긴다. 작은 것이지만 천천히 걷는 것이 더 큰 기쁨이란 것을 알게 된다. 속도를 줄이면 더 많이 보고 더 많이 생각할 수 있는 것처럼 어쩌면 인생도 마찬가지가 아닐까? 그렇게 천천히 걷다 보면 더 많이 보고 느낄 수 있다.

2.

언어를 배울 때 에피소드와 함께 배운다면 어떨까? 자연스럽게 에피소드가 연상되어 기억하기 더 쉽지 않을까? 언어를 꼭 외워야 한다는 강박보다 그냥 쉽게 글을 읽으면서 '아, 이 단어가 이런 의미가 있었구나!', '어! 이 단어, 내가 그동안 많이 사용했던 말인데' 하면서 말이다. 그동안 알고 있었기 때문에 더 신기하고 재밌다. 의미를 제대로 알고 나면 내 것으로 만들기도 쉽다. 이런 접근은 언어에 대한 흥미도 배가시킨다.

백과사전처럼 빽빽이 정리된 문법책을 보면 숨이 막힌다. 특히 제2외국어라면 대충 훑어보고선 책을 놓기가 쉽다. 에피소드를 읽으며 자연스럽게 흥미를 유발하는 것이 가장 좋은 공부법이다. 그리고 뽀뽀popo처럼 한국말과 외국말의 발음은 같은데 의미가 다른 경우도 있다. 이런 단어는 신기함과 함께 금방 친숙해진다. 당연히 잊어버리지도 않는다. 이 책은 이런 에피소드와 함께 우리가 일상에서 사용하는 단어들로 정리해놓았기 때문에 스페인어에 대한 흥미를 더 많이 가지게 한다.

이 책을 보고 나면 '아, 이 단어가 스페인어였구나!', '아, 이 단어가 이런 의미였구나!'라며 유레카를 외치게 될 것이다. 이상하게도 십 년이 넘는 시간 공부한 영어는 완전히 알아듣지 못할 때 기분이 씁쓸하다. 오랜 시간 공부한 언어의 전체적인 맥락도, 의미도 파악하지 못할 땐 자괴감까지 든다. 하지만 짧은 시간을 투자한 언어에선 알아듣는 단어만 나와도 짜릿함까지 느낄 수 있다. 읽을 수 있는 새로운 언어가 있다면, 그 언어에서 흥미까지 발견한다면 의미 있는 행복이 하나 더 늘어난다.

요즘처럼 방송에 자주 스페인어가 나올 때가 있을까? 스페인어권 친구들의 한국 여행기, 연예인들의 스페인, 쿠바 여행 등 TV에 나오는 에피소드와 함께 스페인어가 그 어느 때보다 친숙하다. 길거리를 지나다니면서, TV를 보면서, 어느새 우리 일상에 들어온 스페인어를 찾아보며 새로운 즐거움을 찾아보자.

의문사(Interrogativo)

한국어와 영어, 스페인어 의문사를 함께 보면 좀 더 기억하기 쉽다.

스페인어	한국어	영어
quien(끼엔)	누구	who
como(꼬모)	어떻게	how
que(께)	무엇	what
porque(뽀르께)	왜	why
cuando(꾸안도)	언제	when
donde(돈데)	어디	where

이 문장만은 꼭!

¿Como te llamas?(꼬모 떼 야마스) 이름이 어떻게 되십니까?

Me llamo marco.(메 야모 마르꼬) 제 이름은 마르꼬입니다.

뽀뽀(Popo)
스페인어 뽀뽀는 응가?

뽀뽀popo. 아이에게 가장 많이 하는 말이다. 당연히 우리 집도 그랬다. 문제는 우리 집에서는 한국어와 스페인어 두 언어를 모두 사용했다는 것이다. 뽀뽀는 스페인어로 '똥'이다. 멕시코 아이들은 쉬가 마려우면 pipi(삐삐), 응가가 마려우면 popo(뽀뽀)라고 말한다. 한국에서 아이에게 그렇게 외쳐대는 뽀뽀가 똥이라니!

멕시코에서 석현이가 태어났을 때 아내는 내게 신신당부했다. 나중에 석현이가 한국어와 스페인어를 제대로 인지할 때까지, 그러니까 뽀뽀라는 단어가 한국과 멕시코에서 다르게 쓰이는 것을 이해할 때까지 제발 입맞춤이라는 의미로 '뽀뽀'라는 말을 사용하지 말자고 말이다. 입맞춤은 스페인어로 beso(베소)다. 아내는 석현이에게 뽀뽀 대신 "석현아, 엄마한테 베소!"라고 외쳤다. 그럼 석현이는 엄마에게 입술을 내밀며 '쪽' 해줬다. 내 장난기가 발동하지만 않았어도 석현이는 베소만 알았을 텐데. 아내가 안 볼 때 석현이에게 "석현아, 아빠한테 뽀뽀!"를 외친 거였다. 이런 상황이 반복되다 보니 석현이는 뽀뽀에도, 베소에도 입술을 내밀어 '쪽' 하게 되었다.

아내가 심각성을 알게 된 것은 3년이나 지나고 나서였다. 석현이가 유치원(3~5살 반)에 갈 나이가 될 때까지 여전히 아빠랑은 뽀뽀, 엄마랑은 베소였다. 석현이를 데리고 유치원을 등록하러 갔을 때 우리는 이 사실을 원장선생님에게 털어놓아야 했다. "우리 유치원에 오면 제일 먼저 대소변을 가릴 겁니다"라며 단호하게 말했기 때문이다. 아빠 잘못으로 뽀뽀와 베소가 같은 입맞춤의 의미로 알고 있는 석현이에게 비상이 걸렸다. 그날 오후 아내가 응가한 기저귀를 갈면서 이야기한다.

"석현아, 응가, 이게 뽀뽀야! 알았지? 뽀뽀는 입맞춤이 아냐!"
　　　　　　 popo　　　　　　　　　　　　 beso

그러자 석현이는 고개를 도리도리 흔든다. 이미 석현이에게는 뽀뽀는 응가가 아니라 입맞춤이었다. 나중에 유치원에서 헷갈리면 어떡하지? 앞이 캄캄했다. 여보, 정말 미안해! 석현아, 아빠가 정말 미안해!

"아빠, 유치원에서 아이들이 원장님께 뽀뽀라고 해요. 뽀뽀는 입맞춤 아냐?" 끝내 석현이는 혼란에 빠졌다. 아이들이 원장님께 뽀뽀라고 했는데, 원장님은 아이들을 화장실로 데리고 갔기 때문이다. "석현아, 뽀뽀는 한국어로 입맞춤이고 스페인어로는 화장실 가고 싶다는 말이야."

석현이에게 스페인어 뽀뽀의 의미를 다시금 입력시키는 데 한참의 시간이 걸렸다. 어릴 때부터 배운 2개의 언어는 단어 하나까지도 자라는 아이를 혼란스럽게 했다.

언어는 완전히 내 것으로 소화되기 전까진 내 것이 아니다. 지금까지 영어를 배우며 힘들었던 사람들은 영어가 완전히 자신의 언어가 아니었던 것이다. 스페인어를 공부할 때는 단어부터 내 것으로 만들며 시작하자. 하나씩 접근하며 스페인어에 재미를 붙이자. 뽀뽀라고 발음되는 스페인어가 한국의 응가, 삐삐는 소변이니 얼마나 재밌는가? 이처럼 재미를 더하면 스페인어는 더 빠르게 배울 수 있다.

규칙동사

스페인어 동사는 ar형, er형, ir형 3가지 종류가 있다.

- ~ar형: 동사의 의미 ~ar를 떼어내고 −o, −as, −a, −amos, −áis, −an을 붙인다.
- ~er형: 동사의 의미 ~er를 떼어내고 −o, −es, −e, −emos, −éis, −en을 붙인다.
- ~ir형: 동사의 의미 ~ir를 떼어내고 −o, −es, −e, −imos, −is, −en을 붙인다.

인칭대명사	hablar(아블라르) 말하다	comer(꼬메르) 먹다	vivir(비비르) 살다
yo	hablo(아블로)	como(꼬모)	vivo(비보)
tú	hablas(아블라스)	comes(꼬메스)	vives(비베스)
él, ella, usted	habla(아블라)	come(꼬메)	vive(비베)
nosotros	hablamos (아블라모스)	comemos (꼬메모스)	vivimos (비비모스)

vosotros	habláis (아블라이스)	coméis(꼬메이스)	vivís(비비스)
ellos, ellas, usteds	hablan (아블란)	comen(꼬멘)	viven(비벤)

¿Hablas Español?(아블라스 에스파뇰) 스페인어를 말합니까?

Yo como.(요 꼬모) (나는) 먹는다.

¿Dónde vives?(돈데 비베스) 어디에 삽니까?

Hablo un poco español.(아블로 운 뽀꼬 에스파뇰) 스페인어를 조금 말합니다.

윤다이(HYUNDAI)
우리나라의 기업 이름으로 발음 공부

    무서웠다. 거리에는 방탄복을 입고 장총을 소지한 경찰이 곳곳에 배치되어 있었다. 거리는 어두웠고 가게 문은 굳게 닫혔다. 일부 가게만 불빛 사이로 쇠창살만 보였다. 쇠창살 사이로 담배와 콜라만 오고 갔다. 공항에서 호텔로 이동하는 택시에서 바라본 1999년 12월 멕시코시티의 풍경이었다. 어둠이 내리면 곳곳에 위험이 도사리기 때문에 경찰, 쇠창살, 문 닫힌 가게의 모습만 보게 될 거라고 한국을 출발하기 전부터 들었지만 이 정도의 죽은 도시로 바뀔 줄은 몰랐다.

    하루를 꼬박 비행한 후 호텔에 여장을 풀자, 피곤이 몰려왔지만 배고픔은 더 심했다. 음식을 찾아 나설 수밖에 없었다. 호텔 로

비에서 거리를 바라봤다. 길 건너에 불 켜진 음식점이 보였다. 음식점 안 빨간 테이블에 몇몇이 둘러앉아 음식을 먹고 있었다. 두려움 탓인지 빨간색 테이블이 더 붉어 보였다. 한쪽에는 꼬챙이에 낀 고기가 익어가고 있었다. 나중에 안 것이지만 돼지고기를 양념해 꼬챙이에 층층이 끼운 후, 돌리면서 숯불에 굽는 taco de pastor(따코 데 파스톨)이었다.

우리 부부가 길 건너 식당으로 가는 길은 첩보전을 방불케 했다. 멕시코는 위험하다는 선입견 탓이었다. 먼저 호텔 로비 창문을 통해 바깥 동정을 살피고, 아내한테 수신호를 보내면 아내는 재빠르게 내 곁으로 다가왔다. 그리곤 문 열기가 무섭게 쏜살같이 식당을 향해 달려갔다. 식당에서 식사를 하던 멕시코인들이 헐떡이며 뛰어오는 우리를 더 놀란 눈으로 쳐다보았다. 당시에는 그렇게 보는 그들까지 무서웠다.

우린 꼬챙이에 있는 고기를 먹고 싶다고 손짓했다. 무사히 멕시코시티에서의 첫 식사를 마무리할 수 있었다. 그런데 호텔까지 돌아가는 길이 걱정이었다. 아직도 우리 부부에게 거리는 온갖 위험이 도사리고 있는 것 같았다. 주변을 경계하며 한달음에 호텔에 도착했다. 지금 생각해보면 위험하지도 않은, 특히 호텔 앞이라 더 안전한 그 거리를 왜 그렇게 두려워했는지 웃음이 나온다.

밤 10시가 되었다. 잠을 청해보았지만 시간이 지날수록 정신이 더 또렷해졌다. 시차 때문에 잠을 이룰 수가 없었다. 할 수 없이 TV를 켰다. 당연히 전혀 알아듣지 못했다. 낯선 곳에서의 낯선 발음이 거의 소음 수준이었다. 그때 반갑게도 한국 기업의 광고가 나왔다. 아내와 광고를 보고 한참을 웃었다. 삼성과 현대 발음이 완전히 틀렸기 때문이다.

"삼성을 왜 삼숭이라고 하지? 윤다이는 현대를 말하는 건가?"

삼성, 현대, 대우의 발음은 진지했지만 죄다 발음이 틀렸었다. 나중에 스페인어를 배우고 나서야 그렇게 발음한 이유를 알게 되었고 우리가 오히려 틀렸다는 것을 알게 되었지만 말이다.

Samsung은 발음대로 읽다 보니 sam(삼) sung(숭)으로 읽혔고, Hyundai는 제일 앞에 나온 h는 묵음이 되어 hyun(윤) dai(다이)로 읽혔고, Daewoo는 da(다) e(에) woo(우), 즉 다에우로 발음되었다. 삼성으로만 알다가 '삼숭'이라고 하니 한국 사람이라면 잘못 발음한다고 생각할 수밖에 없을 것이다.

멕시코에서의 첫 밤을 보낸 다음 날 아침, 거리를 나서니 밤새 두려움에 떨었던 거리는 활력 넘치는 곳으로 바뀌어 있었다. 이렇게 평화로운 거리를 두고 어젯밤엔 왜 두려움에 몸서리쳤던 걸까? 멕시코는 정말 위험한 곳이라는 선입견 때문이었다. 살면서 우리는 자주 선입견에 지배당하면서 산다.

2018년 6월 주멕시코 한국대사관에 멕시코인 700여 명이 몰려왔다. 한국이 러시아 월드컵에서 독일을 이기자, 멕시코가 16강에 진출했기 때문이다. 멕시코인들은 한국대사관을 찾아 감사의 마음을 표시했다. 대사관엔 그들이 보낸 감사의 선물이 도착했고, 아에로 멕시코 항공사는 한국편 항공권을 20% 세일하기도 했다. 멕시코 사람들의 축구사랑은 대단하다.

대사관에 몰려든 멕시코 축구팬들은 Corea hermano ya eres Mexicano!(꼬레아 에르마노 야 에레스 메히까노; 한국 형제들 이미 멕시코 사람)를 외쳤다. 여기서 Corea는 발음그대로 co(꼬) re(레) a(아)로 읽으면 된다. 단, c는 모음 a, o, u 앞에서는 ㄲ으로 발음한다. ca(까), co(꼬), cu(꾸)다. hermano는 h가 묵음 처리되어 he(에) r(르) ma(마) no(노)로, ya(야), eres는 e(에) re(레) s(스)로 읽으면 된다. 스페인어는 발음기호대로 읽기만 하면 된다. 이렇게 알파벳부터 쉽게 접근할 수 있는 언어가 스페인어다. 멕시코에서 TV 광고로 처음 스페인어 발음을 접하게 되었다. 낯선 발음이었지만 지금까지 기억날 정도로 스페인어는 인상 깊은 언어다. 지금도 Hyundai(윤다이) 발음이 생생하다.

불규칙동사 ① TENER

tener: (무엇을) 가지고 있다, 소지하다

주어에 따른 변화			
주어	변형	주어	변형
yo	tengo (뗑고)	nosotros	tenemos (떼네모스)
tu	tienes (띠에에네스)	vosotros	teneis (떼네이스)
el, ella, usted	tiene (띠에네)	ellos, ellas, ustedes	tienen (띠에넨)

Yo tengo veinte años. (요 뗑고 베인떼 아뇨스) 나는 20살이다.

Tu tienes el coche. (뚜 띠에네스 엘 꼬체) 너는 차를 가진다.

* 3인칭 이외에는 주어가 생략된다. tu, yo가 생략되어도 무방하다.

엘 니뇨(El niño)와 라 니냐(La niña)
긍정의 나비효과

　내게 스페인어를 배우면서 그동안 가슴속에 숨겨왔던 작은 희망이 하나 생겼다고 한다. 살아오면서 한 번도 '어디를 가보고 싶다'란 생각이 없었는데, 스페인어를 배우고 난 후부턴 '스페인이라는 나라를 꼭 여행하고 싶다'란 마음이 생겼단다. 어딘가를 가보고 싶다는 의지가 생겼다는 게 신기한 일이라며 얼굴 가득 미소를 보였다. 그러면서 3년간 스페인어 재능기부를 해온 나에게 "1년 더 연장해주시면 안 될까요?"라며 조심스레 의견을 묻기도 한다.

　언어를 배우면서 더 배워보고 싶다는 용기는 어디서 나온 걸까? 그동안 그렇게 오랜 세월 공부해왔던 영어와는 무슨 차이가 있을까? 꿈도 희망도 꺾일 수 있는 60세라는 나이에 충전의 희망을 품을 수 있다는 것은 얼마나 긍정적인 삶인가? 회원들은 스페인 여행이라는 목표를 두고 자발적으로 여행경비를 모으기 시작했고, 스페인을 여행할 날만 손꼽아 기다리고 있다. 그리고 스페인어 공부를 통해 얻은 자신감으로 어떤 일의 시작도 결코 늦지 않았다는 것을 알게 되었다. 어느 책 제목처럼 '시작하기에 늦은 때란 없다.' 지금이 가장 빠른 시기다.

"선생님, 제가 아는 분들이 저희와 같이 스페인어를 배우고 싶어 하시는데요?" 스페인어가 너무 재미있는 언어라며 주위에 자랑하니 지인 두 분이 어떤 언어냐며 같이 배우길 원한다는 것이다. 우리는 살아가면서 얼마나 자주 '긍정의 나비효과'를 경험하며 살아가고 있을까? 스페인어는 본인뿐만 아니라 가족과 지인들에게 긍정의 나비효과를 전파하고 있었다.

자연현상에도 '나비효과'라는 것이 있다. 바로 엘 니뇨EL niño, 라 니냐La niña다. 페루의 더운 앞바다에서 발생하는 두 현상은 지구 곳곳에 이상 자연현상을 야기한다. 엘 니뇨는 해수 온난화 현상으로 인해 페루 앞바다에서 발생한다. 페루는 적도지방에 위치해 바닷물이 따뜻하다. 하지만 북극 지방에서 내려온 차가운 물이 수면 위로 올라오지 못하면 상층부의 데워진 물이 식질 않아 육지의 온도가 올라가면서 많은 비를 내리게 된다. 반대쪽에 위치한 우리나라에는 폭염과 가뭄이 계속되는 현상을 만든다. 2015년 발생한 슈퍼 엘니뇨는 미국에 기록적인 홍수를 가져왔고, 반대편 인도네시아에는 기록적인 가뭄으로 쌀과 설탕 생산이 폭감되기도 했다. 반대로 라 니냐는 차가운 물이 수면 위로 지나치게 많이 올라와 육지 온도가 낮아져서 여름인데도 평균 기온이 낮아진다.

엘 니뇨는 12월 크리스마스 시즌에 발생하기 때문에, 아기예수에 비유해 니뇨niño라는 명칭이 붙여졌다. EL niño는 스페인어이며 el(엘)은 남성관사, niño(니뇨)는 '어린, 어린이, 갓난아이'라는 의미가 있다. niño는 남자아이, niña는 여자아이를 말한다. 스페인어에서 어미에 ~o가 붙으면 남성, 어미에 ~a가 붙으면 여성을 나타낸다.

자연현상에서의 나비효과뿐 아니라 살아가면서도 우리는 수많은 나비효과를 경험하며 살아간다. 스페인어 공부로 또 다른 삶의 긍정 나비효과를 누려보자.

불규칙동사 ② IR

ir: 가다

주어에 따른 변화			
주어	변형	주어	변형
yo	voy(보이)	nosotros	vamos(바모스)
tu	vas(바스)	vosotros	vais(바이스)
el, ella, usted	va(바)	ellos, ellas, ustedes	van(반)

¿A Donde Vas (tu)?(아 돈데 바스) 너 어디 가니?

(Yo) Voy a mi casa.(보이 아 미 까사) 나는 집에 간다.

* 3인칭 이외에는 주어가 생략된다. tu, yo가 생략되어도 무방하다.

꾸아뜨로(Cuatro)
꾸아뜨로 치즈 피자 주세요!

어느 나라든지 독특한 길거리 음식은 관광객에게 큰 호기심을 불러일으킨다. 한국을 찾은 외국인들은 남대문시장을 찾아 길거리 음식을 즐긴다. 쪼그려 앉아 비빔밥을 먹거나 김밥, 떡볶이를 먹는 모습은 이제 낯설지 않은 풍경이다.

처음 멕시코를 방문했을 때 멕시코의 길거리 음식은 너무나 독특했고 종류도 다양했다. 그중에서도 시선을 끌었던 것은 과일이었다. "과일 위에 뿌려진 빨간색 가루가 혹시 고춧가루 아냐?" 멕시코는 망고, 멜론 등 과일에 칠리(멕시코 고추의 일종)가루를 뿌려서 먹는 독특한 나라였다. 게다가 흘러내리는 칠리가루를 아까워하며 마지막까지 털어 먹는 특별한 나라였다.

한국 시골장터에서나 볼 수 있는 통옥수수도 있다. 옥수수 위엔 칠리가루에 더해 하얀 가루까지 뿌려져 있다. 치즈가루다. 치즈도 무한정 즐기는 나라였다. 특히 오아하카Oaxaca 치즈가 유명하다. 치즈에 대한 사랑은 멕시코 주식에서도 알 수 있다. 한국 사람도 많이 먹는 께사디야Quesadillas(치즈를 비롯해 닭고기, 햄, 양파를 또르띠야에 넣고 치즈가 녹을 때까지 굽는 멕시코 전통요리)는 치즈를 뜻하는 스페인어 케소Queso에서 파생된 것이라고 한다.

멕시코는 전통 먹거리들이 길거리에 즐비하다. 혼밥, 혼술이 유행하는 요즘, 혼행(혼자 떠나는 여행)으로 멕시코를 찾아도 먹는 것에 걱정 없다. 길거리 음식은 혼행 마니아를 위한 최적의 문화 체험이다.

언제부턴가 한국 노래 서두에 스페인어가 들어간 가사가 많아졌다. 스페인어가 들어간 노래들을 보면 빠르고 경쾌한 음악이 대부분이다. 은지원의 〈미카사로〉란 노래도 앞부분에 스페인어 숫자 '우노(uno; 1), 도스(dos; 2), 뜨레스(tres; 3)'가 들어간다. 노래 제목인 〈미카사로〉도 스페인어다. '미 카사mi casa로'는 '나의 집으로'라는 의미다. 흔하게 들을 수 있는 스페인어였지만, 의미도 모른 채 따라 부르기만 한 것보다는 이렇게 간단한 숫자나 노래 제목의 의미만 알아도 훨씬 이해가 쉬울 것이다.

숫자가 들어간 것이 노래뿐만이 아니다. 흔히 먹는 피자에도 스페인어 숫자가 들어가 있다. 치즈 마니아들이 가장 많이 찾는 꾸아뜨로(cuatro; 4) 치즈 피자다. 꾸아뜨로 치즈 피자는 4가지 종류의 치즈가 들어가 있다는 의미다. 지구상에서 가장 오래된 발효 유제품이 치즈다. 종류도 다양해서 가장 대중적인 모짜렐라, 체다부터 프랑스 대표 치즈인 까망베르까지 천 종이 넘는다고 한다. 다양한 종류의 치즈 중 엄선된 치즈를 즐기려면 네 종류의 치즈가 들어간 꾸아뜨로 치즈 피자를 즐겨보자. 꾸아뜨로는 스페인어로 4라는 숫자이며 치즈는 스페인어로 케소다. 알고 먹으면 맛도 재미도 배가된다. 흔하게 먹었던 피자 한 조각, 가사 한 소절도 색다르게 느껴질 것이다.

불규칙동사 ③ VENIR

venir: 오다

주어에 따른 변화			
주어	변형	주어	변형
yo	vengo(벵고)	nosotros	venimos(베니모스)
tu	vienes(비에네스)	vosotros	venis(베니스)
el, ella, usted	viene(비에네)	ellos, ellas, ustedes	vienen(비에넨)

¿De donde vienes?(데 돈데 비에네스) 어디서 오니?

Vengo de viaje.(벵고 데 비아헤) 여행 오다.

* 3인칭 이외에는 주어가 생략된다.

메 구스따스 뚜(Me gustas tu)
여자친구의 <오늘부터 우리는>

　"안젤라! 찰리 생일이라 집에서 피에스타(fiesta; 파티) 하려고 하는데 주말에 시간 되니?"

　초대를 받을 때면 가장 행복해하는 사람이 아내다. 사실 멕시코 칸쿤에는 한국인이 우리 가족을 포함해 8명밖에 없다 보니 주말에 딱히 갈 곳이 없다. 특히 사람들과 어울려 담소 나누는 것을 좋아하는 아내는 이런 초대에 격하게 반응한다. 어쩌면 아내 덕분에 덜 외롭게 이민 생활을 했는지도 모른다. 아내가 너무 좋아하다 보니 급기야 주말이면 이 집 저 집에서 초대장이 날아왔다. 이런 초대에 부응하기 위해 한국에 들어왔을 때 하회탈 모양이 들어간

열쇠고리나 부채, 여기에 징까지 한국의 전통 선물을 준비해 가곤 했다. 우릴 초대한 멕시코인의 집에는 멕시코 전통 음식들이 거하게 준비되어 있었다. 매운 고추 덕분에 멕시코 음식은 한국인 입맛에도 그만이다.

오늘 음식은 멕시코 레스토랑에서 파는 것보다 더 맛났다. 현지에서 살아보지 않으면 절대 맛볼 수 없는 독특한 맛이었다. 우리는 먹고 또 먹었다. 음식 맛이 어떠냐고 묻는 말에 아내는 "Me gusto taco(메 구스또 따코; 따코 좋아해)"라고 답한다. 커피 한 잔 하겠냐는 물음에도 "Me gusto el cafe(메 구스또 엘 카페; 커피 좋아해)"라고 답했다.

스페인어 중 가장 자주 사용하는 단어 중 하나가 gustar(좋아하다, 마음에 들다) 동사다. 오늘 초대에서도 자주 사용한 단어였다. 그런데 우리를 초대해준 나딘은 아내가 사용한 문장이 잘못되었다며 수정해주었다.

"안젤라, gusto(구스또)가 아니고 gusta(구스따)라고 해야 해."

모 방송에서 쿠바를 방문했는데, 출연한 배우가 한국인이 가장 많이 알고 있는 문장 중 하나를 사용했다. 하지만 그 문장의 의미를 알면 현지 여자들이 듣기에 오해의 소지가 있었다. 하지만 그 말을 들은 쿠바 사람은 당황하지 않고 문장을 수정해주었다.

A배우: Gusto mucho.(구스또 무쵸)

　　　많이 좋아해요.

B배우: Besa me mucho.(베사 메 무쵸)

　　　나에게 키스 많이 해주세요

아마도 A배우가 mucho라고 표현하다 보니, B배우도 가장 흔하게 알고 있던 "besa me mucho"를 현지 여인에게 표현한 듯했다. 그러나 모르는 여성들에게 이 말을 사용하면 오해받기 십상이다. 하지만 중요한 것은 이 배우가 아는 단어를 부끄러워하거나 틀릴까봐 걱정하지 않고 무조건 표현했다는 것이다. 언어는 특히 외국어는 쉽게 표현해야 더 빨리 배울 수 있다. 만약 그렇게 표현하지 않았다면 현지인으로부터 수정도 받지 못했을 것이다.

조신영의 『고단한 삶을 자유롭게 하는 쿠션』에선 "누에가 자기 입에서 실을 뽑아서 고치를 짓는 것처럼 사람도 일상에서 내뱉는 말로 자기 인생의 집을 지어가는 존재다"라며 말이 가진 힘을 표현했다. 언어를 배울 때는 그냥 속으로 옹알이하기보단 아는 것을 무조건 내뱉는 것이 가장 빨리 자기 것으로 소화하는 것이다. 이 프로그램에서 현지인은 "Besa me mucho(나에게 키스 많이 해주세요)"란 말에 당황하지 않고 "Me gusta mucho(나는 많이 좋아한다)"로 표현해야 한다며 알려주었다.

걸그룹 노래에도 gustar 동사가 들어간 것이 있다. 여자친구의 〈오늘부터 우리는Me gustas tu〉이다. 스페인어를 배울 때 가장 많이 사용하는 단어가 gustar 동사고, 가장 헷갈리는 단어도 gustar 동사이며, 가장 잘 알아야 하는 단어도 gustar 동사다. gustar 동사의 인칭에 따른 변화는 다음과 같다.

gustar 동사 변화	
1인칭 단수	gusto
2인칭 단수	gustas
3인칭 단수	gusta

이를 보면 1인칭일 때는 'gusto'다. 그래서 '나는 좋아한다'를 표현하면 'Me gusta'가 아니라 'Me gusto'가 맞다고 대부분 생각한다. 그래서 아내도 현지인 초대에서 "Me gusto taco", "Me gusto el cafe"라고 말했다. 그런데 왜 멕시코 현지인은 gusto가 아니고 gusta라고 해야 한다고 했을까?

사실 gustar 동사는 '좋아하다'라고 해석하지만 '~에게 좋아하는 감정을 들게 만들다'라고 해석해야 좀 더 이해하기 쉽다. 여자친구의 노래 제목 'Me gustas tu(나는 너를 좋아한다)'를 자세히 분석해보면 'me(나에게) gustas(좋아하는 감정을 들게 만들다) tu(네가)'이다. 즉 실제 주어는 me가 아니라 tu가 된다. me(나에게)

는 우리가 잘 알고 있는 간접목적격 대명사다. 아내가 이야기한 "Me gusto el cafe"도 주어가 3인칭 단수 el cafe이기 때문에 me gusto가 아닌 me gusta가 되어야 한다.

혹시 문법적 표현이 헷갈린다면 이런 문장 정도는 그냥 외워두자. '나는 커피를 좋아한다'는 표현은 'Me gusta el cafe'로 걸그룹 제목의 '나는 너를 좋아한다'는 'Me gustas tu'로 말이다. 익숙해지다 보면 이해되는 날이 찾아온다.

불규칙동사 ④ PODER

poder: 할 수 있다

주어에 따른 변화			
주어	변형	주어	변형
yo	puedo(뿌에도)	nosotros	podemos(뽀데모스)
tu	puedes(뿌에데스)	vosotros	podé is(뽀데이스)
el, ella, usted	puede(뿌에데)	ellos, ellas, ustedes	pueden(뿌에덴)

¿Puedes hablar español?(뿌에데스 아블라르 에스파뇰) 너 스페인어를 말

할 수 있나요?

¿Puedo pasar?(뿌에도 빠사르) 나 지나가도 되나요?

* poder + 동사원형: ~ 할 수 있다

파라솔(Parasol)
피하고 싶은 멕시코의 햇빛

"멕시코 맥주 중에 병뚜껑에 태양 문양이 그려진 맥주가 있던데요?" 멕시코에 처음 방문한 고객이 칸쿤 공항에서부터 질문을 던진다. '병뚜껑에 태양이 그려진 맥주가 있었나? 아, 쏠(sol; 태양) 맥주를 말하는구나.'

멕시코에선 맥주병에 꼭 라임을 끼워 내어준다. 사실 라임을 끼우는 것은 레몬과 소금을 먹는 멕시코 사람들의 습관 탓이 강하다. 그런데 병 입구에 라임을 끼워서 맥주를 마시면 맥주 맛이 부드럽고 깔끔하다. 그래서 더운 지방의 멕시코에서 좀 더 깔끔한 맛을 즐기기 위해 맥주 입구에 라임을 끼우게 되었다.

멕시코 맥주 하면 코로나corona와 쏠sol이 대표적이다. 코로나는 이미 세계적으로 유명한 맥주가 되었지만 쏠은 아직 멕시코 국내용이다. 그런데 멕시코 사람들에게는 쏠이 더 유명하다. 사실 쏠은 샐러리맨을 벗으로 두겠다는 광고를 제작하면서 한때 멕시코 맥주 전체 순위에서 1위를 달리기도 했다.

공항에서 칸쿤 호텔로 이동하는 동안 카리브해가 보인다. 공항에서부터 맥주를 묻던 고객은 "저기 바닷가 파라솔parasol 아래에서 맥주 한잔 마시면 좋겠다"며 감탄한다. 멕시코 칸쿤은 햇볕이 따갑기 때문에 해변 곳곳에 파라솔과 야자수 잎으로 만든 그늘막까지 설치해놓았다. 어디서나 편히 쉴 수 있는 공간이 마련되어 있다.

그런데 이 파라솔이라는 말도 스페인어다. 하나씩 뜯어보자. parasol은 동사 'parar(정지하다, 막다)＋sol(태양)'의 뜻이다. 두 단어를 합친 parasol은 '태양을 막다'라는 의미가 된다. 단, 발음은 파라솔보다는 빠라솔로 하는 것이 더 좋다.

고객은 발음이 좋다며 스페인어를 어디서 배웠냐고 물어본다.

"이민 오기 전엔 한마디도 할 줄 몰랐는데, 여기 와서 하나씩 배운 겁니다."

사실 세상일이 한 번에 후딱 이루어지는 것이 있던가? 언어도 마찬가지다. sol(태양), parasol(태양을 막다)을 알아가듯 하나씩 얼다 보면 나도 모르게 쌓이는 것이다. 아무리 평범한 것도 꾸준히 노력하고 쌓아가다 보면 특별해진다. 스페인어도 마찬가지다. 하나씩 얻어가면 나만의 특별한 것이 된다. 일본 최고의 경영 컨설턴트인 간다 마사노리는 "99%의 인간은 현재를 보면서 미래가 어떻게 될지를 예측하고, 1%의 인간은 미래를 내다보면서 지금 어떻게 행동해야 할지 생각한다"고 말했다. 스페인어 하나를 배우지만 외국 여행을 하며 현지인과 거리낌없이 대화도 나누고, 음식 주문도 편하게 하는 나를 상상하자. 아름다운 언어 스페인어는 배워가는 것만으로도 행복이다.

불규칙동사 ⑤ QUERER

querer: 원하다, 할 수 있다

주어에 따른 변화			
주어	변형	주어	변형
yo	quiero(끼에로)	nosotros	queremos(께레모스)
tu	quieres(끼에레스)	vosotros	queréis(께레이스)
el, ella, usted	quiere(끼에레)	ellos, ellas, ustedes	quieren(끼에렌)

* **querer** + 명사: ~을 원하다
* **querer** + 동사원형: ~을 하고 싶다

Quiero una cerveza.(끼에로 우나 쎄르베싸) 나는 맥주를 원한다.

¿Quieres tomar algo?(끼에레스 또마르 알고) 무엇을 마시고 싶나요?

코로나(Corona)
맥주를 지배하는 자

대학 어학기관에서 스페인어를 공부한 지도 5달이 되었다. 아내는 임신으로 인해 조금씩 힘들어했다. 어딘가로 떠나길 원했고, 특히 바다를 보고 싶어 했다. 그런데 과달라하라에는 바다가 없었다. '어떡하지?' 아내는 그동안 한국 음식을 먹고 싶어도 내색을 하지 않았다. 사실 한국 음식을 원해도 멕시코에선 쉽게 먹을 수 없다는 것을 알기 때문에 애써 참았을 것이다. 음식은 참더라도 보고 싶은 바다까지 막을 순 없었나 보다. 알아보니 태평양에 접한 휴양지가 있었다. 푸에르토 바야르따Puerto Vallarta란 도시다. 그런데 버스로만 6시간 이동이다. 멕시코 땅이 넓긴 넓다.

"버스 이동 시간이 만만치 않은데 괜찮겠어?" 아내는 입을 삐죽이며 고개를 끄덕였다. 간절해 보였다. 그래 떠나자.

오후에 출발한 버스는 저녁 무렵에야 도착을 알렸다. 가슴이 트였다. 석양을 머금은 바다는 답답했던 이민 초기의 마음을 시원하게 뚫어주었다. 『메디슨 카운티의 다리』 작가로 유명한 로버트 제임스 윌러의 『푸에르토 바야르따의 추억Puerto Vallarta Squeeze』이란 소설의 배경이 된 것이 당연하게 느껴질 정도로 충분한 아름다움이었다. 등대에 오르니 푸른 바다와 어우러진 마을의 풍경은 한 폭의 수채화 같았고, 마리에타섬에 숨어있던 히든 비치는 지상 낙원이었다. 3박 4일의 여행이 어떻게 지났는지 모를 정도로 아내는 행복해했다.

마지막 날, 익숙해진 도시를 천천히 둘러보았다. 집은 흰색이고 지붕은 붉은 타일로 덮여 있다. 길도 자갈로 되어 있어 오래된 도시의 모습이다. 성당이 보인다. 멕시코는 인구의 90% 이상이 가톨릭 신자다. 어딜 가든 가장 쉽게 볼 수 있는 건물이 성당이다. 과달루페 성모 성당의 종탑에는 과달루페 성모를 숭배하기 위해 왕관 모양의 종탑을 만들어 놓았다. 사실 종탑의 왕관이 푸에르토 바야르따의 랜드마크이자 심볼이다.

멕시코 맥주 중 세계적 맥주가 된 코로나(corona; 왕관)는 이 성당의 종탑에서 탄생되었다고 한다. 코로나 맥주는 처음엔 별 반응을 얻지 못했지만, 트레이드마크인 투명한 병과 멕시코 해변의 맑은 물을 연상케 하는 마케팅, '코로나는 휴식이다'란 이미지로 세계적 맥주로 성장했다.

특히 멕시코를 찾은 미국 학생들이 독특한 병 모양에 반해, 빈 병을 모두 가지고 가는 바람에 병 회수율이 저조하기도 했다고 한다. 효모가 아닌 쌀을 이용해서 만든 코로나 맥주는 맛이 깔끔하고 가벼웠으며, 투명한 병에 끼워진 녹색 라임은 맥주의 상큼한 맛까지 상승시켰다. 어쩌면 초창기 옥외광고에 알린 'Corona, la erveza rejia(코로나, 맥주를 지배하는 자)'처럼 코로나 맥주는 출시부터 지금까지 세계를 지배하고 있는지도 모른다.

아내는 여행을 마치고 돌아오는 내내 즐거워했다. 이민의 불안감, 임신, 스페인어 공부로 쌓인 스트레스가 모두 날아갔다며 행복해했다. 당분간 입덧은 없으니 안심하라며 나까지 위로한다. "세상에서 가장 먼 여행은 가슴에서 발까지"라고 했던 신영복 선생의 글이 생각났다. 사실 아내가 바다 여행을 꺼냈을 때 많이 주저했다. 그래도 실행에 옮겨 아내와 아이까지 행복해하니 정말 다행이었다. 살다 보면 주저와 선택의 순간들이 수도 없이 찾아온다. 고민하는 것보다 작은 것부터 실행에 옮기는 것이 중요할지도 모르겠다. 우리의 바다 여행처럼 말이다.

가볍게 정리하는 기초단어: A, B

adiós(아디오스) (헤어질 때) 안녕

agua(아구아) 물

amigo(아미고) 남자친구   **amiga**(아미가) 여자친구

    Mi amigo(미 아미고) 나의 남자친구

amor(아모르) 사랑

aire(아이레) 공기

aquí(아끼) 여기

    ¿Comer aquí?(꼬메르 아끼) 여기서 드시겠습니까?

ayúdar(아유다르) 도와주다

    Ayúdeme.(아유데메) (나를) 도와주세요.

amable(아마블레) 친절한

    Muy amable.(무이 아마블레) 매우 친절하네요.

aprender(아쁘렌데르) 배우다

    Quiero aprender a español.(끼에로 아쁘렌데르 아 에스파뇰) 스페인어

    를 배우길 원합니다.

bienvenida(비엔베니다) 환영

bien(비엔) 잘, 멋지게

　　Muy bien.(무이 비엔) 매우 좋다.

bueno(부에노) 좋은

barato(바라또) 값이 싼

　　Mas barato, por favor.(마스 바라또, 뽀르 파보르) 더 싸게 부탁합니다.

besar(베사르) 입맞추다

beber(베베르) 마시다

　　¿Que quiere beber?(께 끼에르 베베르) 무엇을 마시길 원합니까?

banco(방꼬) 은행

　　Busco un banco.(부스꼬 운 방꼬) 은행을 찾는다.

boleto(볼레또) 표, 티켓

　　Dame un boleto.(다메 운 볼레또) (나에게) 표 한 장 주세요.

bajar(바하르) 내리다, 낮게 하다

　　Quiero bajar.(끼에로 바하르) 내리기를 원한다.

blanco(블랑꼬, 하얀)

　　Casa blanca(까사 블랑카) 하얀 집(=백악관)

상그리아(Sangria)
착각에서 시작된 새로운 맛

"상그리타 한 잔 부탁합니다."

Dame un vaso de sangrita, por favor.(다메 운 바소 데 상그리따,
뽀르 파보르)

종업원은 이상하다는 듯 쳐다보았다. 주문한 상그리타가 나오
자 나도 당황했다. 전에 마셔본 것이 아니었다. '이상하다. 찰리
집에서 나온 것은 이게 아니었는데.' 종업원에게 과일이 들어간
와인 같은 것이 아니냐고 물으니 한참을 웃는다. 찰리 집에서 마
신 것은 상그리타가 아니라 상그리아Sangria였다.

상그리아는 스페인 가정에서 시작된 전통 음료로 과일 와인이다. 스페인이 아메리카 대륙을 정복하면서 아메리카까지 전해졌다고 한다. 상그리아는 상그레(sangre; 피, 혈액)라는 단어에서 온 것으로 레드와인의 붉은빛에서 유래해 상그리아로 부르게 되었다. 상그리아는 레드와인, 과일, 탄산음료, 과즙을 희석시켜 만든 술이다.

한국어에도 '상그레'란 부사가 있다. '아이가 상그레 미소를 짓는다', '애인을 보곤 수줍은 듯 상그레 미소를 짓는다' 등 상그레는 '눈과 입을 귀엽게 움직이며 소리 없이 부드럽게 웃는 모양'으로 국어사전에 나와 있다. 스페인어와 발음은 같지만 의미는 완전히 다르다. 특히 스페인에서는 강렬하고 농익은 붉은색 레드 와인으로 황소의 혈통임을 강조하는 상그레 데 또로Sangre de Torro라는 와인도 있다.

그럼 상그리타는 어떻게 마실까? 종업원은 말하기를 상그리타는 데킬라와 함께 번갈아 마시는 음료이며, 상그리타를 마시는 것을 반데라(bandera; 기, 깃발)라고 부른다고 한다. 상그리타의 빨간색, 데킬라의 하얀색, 레몬즙의 녹색이 멕시코 국기 색깔이기 때문에 반데라라는 것이다.

종업원은 상그리타는 토마토 주스, 고추가루, 타바스코 소스가 들어가 매운 맛을 내기 때문에 낯선 맛일 수도 있지만, 한번 시도해보라며 데킬라까지 건넨다. 그런데 정말 이상했다. 뭐랄까? 인상을 쓰게 만드는 독특한 맛이었다. 우종민 교수는 『마음력』에서 "아는 것보다 하는 것이 힘이다. 1퍼센트를 이해하더라도 그것을 실천하는 자가 행복한 사람이다"라고 했다. 인상이 약간 구겨지는 맛이었지만, 그래도 오늘 마셔보지 않았다면 평생 상그리타의 맛을 알지 못했을 것 같다.

"혹시 상그리아도 만들어줄 수 있을까?" 현지인이 만들어준 상그리아를 마시고 싶었다. 벌써 상그리아 사랑에 빠진 것 같다. 그런데 술 한 잔만 들어가도 얼굴이 붉어지니 상그리아를 마시더라도 알콜이 들어가지 않게 먹고 싶었다. "혹시 와인을 넣지 않고 비슷하게 만들 수 있는 방법은 없을까?"

바텐더는 와인 없이 자신만의 방법으로 상그리아를 만들어주었다. 한국의 오미자 같은 맛이 나는 하마이카jamaica를 넣었다고 한다. 와인이 들어간 것과는 또 다른 독특한 맛이라 너무 맛있다고 했더니 하마이카는 피로회복, 다이어트에 좋다며 열변을 토한다.

세상에는 상그레(sangre; 피) 빛을 띠는 것이 참 많다. 스페인, 중남미를 방문하면 전통 상그리아와 하마이카를 맛보자. 맛 찾아 떠난 여행이 풍성함을 더해줄 것이다. 오소희 작가의 책 제목처럼 '그러므로 떠남은 언제나 옳다.' 낯선 곳으로 떠나는 당신을 응원한다.

가볍게 정리하는 기초단어: C, D

* c는 a, o, u 앞에서는 'ㄲ', e, i 앞에서는 'ㅆ'으로 발음한다.

casa(까사) 집

caliente(깔리엔떼) 뜨거운

calor(깔로르) 더운

　　Mucho calor.(무쵸 깔로르) 매우 덥다.

cambiar(깜비아르) 바꾸다

　　Quiero cambiar mi habitacion.(끼에로 깜비아르 미 아비따시온) 방을

　　바꾸기를 원한다.

comer(꼬메르) 먹다

　　Quiero comer.(끼에로 꼬메르) 먹고 싶다.

carne(까르네) 고기

　　Carne de cerdo(까르네 데 세르도) 돼지고기

cielo(씨엘로) 하늘

dinero(디네로) 돈

descuenta(데스꾸엔따) 할인

Descuenta, por favor.(데스꾸엔따, 뽀르 파보르) 할인해주세요.

dios(디오스) 하느님

¡Dios mio!(디오쓰 미오) 오 맙소사, 신이시여(Oh, my god)!

dama(다마) 숙녀

¡Damas y caballeros!(다마스 이 까발예로스) 신사 숙녀 여러분!

desayuno(데사이우노) 아침식사

¿Está incluido el desayuno?(에스따 인끌루이도 엘 데사이우노) 아침식

사가 포함입니까?

dia(디아) 날(day)

dificil(디피실) 어려운

diferente(디페렌떼) 다른, 차이

dulce(둘세) 달콤한

descansar(데스깐사르) 쉬다

라스베가스(Las Vegas)
스페인 군대가 이름 붙인 눈부신 도시

"멕시코 가인여행사 사장님 되시죠? 이번에 신혼부부 2팀이 칸쿤을 여행합니다. 안내해주실 수 있으신가요?"

아니, 신혼부부 팀들이 이곳 칸쿤까지 온다고? 비행기 타고 왔다 갔다 하면 시간 다 가겠구만. 그리고 4명을 가이드하라니. 그래도 단체 손님만 들어오다 4명만 온다고 하니, 단촐하지만 재미있을 수도 있겠다는 생각이 들었다. 공항에서 만나 서로 인사를 나누고 바로 호텔로 이동했다.

"멕시코시티에서 오신 거예요?"

"아니에요. 라스베가스에서 멕시코시티를 경유해서 왔어요."

신혼부부를 위해 라스베가스와 칸쿤만 묶어 만든 상품이었다.

"라스베가스에선 좋은 시간 보내셨나요? 어디 어디 구경하셨죠?" 라스베가스는 볼 것이 너무 많다. 카지노만 있다는 생각에 뭔가 무서울 것 같지만, 그곳도 사람 사는 곳이며 아름다운 곳이다. 사실 호텔만 구경하고 다녀도 하루를 보낼 수 있을 만큼 다양하고 특별한 곳이 많다. 웨스트 게이트West Gate 호텔을 구경하며 엘비스 프레슬리Elvis Presley의 향수에 젖을 수 있고, 벨라지오Bellagio 호텔에선 계절마다 다양한 테마로 환상적인 모습을 자아내는 2,500평의 실내 정원과 호텔 앞에서 펼쳐지는 분수쇼도 볼 수 있다. 라스베가스의 상징이 된 분수쇼는 음악에 맞춰 천여 개의 물줄기가 황홀하게 춤을 춘다. 벨라지오 호텔에선 물을 이용한 라스베가스 최고의 쇼인 오쇼도 진행된다. 미라지mirage 호텔의 새하얀 벽면은 밤이 되면 더 인상적인 모습을 연출하고 호텔 앞 인공분수에서는 화산쇼도 펼쳐진다. 나열하기도 벅찬 라스베가스 호텔들의 잔치다.

그런데 라스베가스 호텔들을 자세히 들여다보면 대부분의 호텔에 창문이 없다. 도박에서 재산을 탕진하면 극한 생각까지 치달을 수 있기 때문에 창문을 거의 만들어놓지 않았다. 화려한 밤을 수놓으며 잠들지 않는 도시 라스베가스다.

"손님, 라스베가스가 무슨 뜻인지 아세요?"
1541년 스페인 군대가 네바다주를 지나면서 현재의 라스베가스를 발견했다. 끝없이 펼쳐진 초원지대를 보고 스페인어로 라스베가스(Las Vegas; 초원)란 이름을 붙였다고 한다. las는 영어의 the와 같은 정관사로 뒤 명사가 여성 복수형vegas일 때 사용한다. 다른 예로 우리가 잘 알고 있는 로스 앤젤레스는 스페인어로 로스 앙헬레스(Los Angeles; 천사)로 발음한다. Los는 뒤 명사가 남성 복수형angeles일 때 사용한다.

"난 술을 마음껏 마시고 죽으려고 라스베가스에 왔다." 1995년 작 〈라스베가스를 떠나며〉에서 니콜라스 케이지가 들려주는 대사다. 어쩌면 라스베가스는 이 영화처럼 그냥 그 사람이 하염없이 좋고, 상대를 그대로 인정해주고, 함께 그 자리에 있는 것 같은 그런 곳이 아닐까?

라스베가스와 영화는 항상 그 자리에 있는데 바라보는 내 마음에 따라 슬프기도 하고 아름답기도 하다. 스페인어도 마찬가지다. 나에게 새로운 기회가 될 수도 있고 그냥 지나치는 언어가 될 수도 있다. 바라보는 마음에 따라 달라지기 때문이다. 스페인어를 나만의 무기로 만들어보자.

가볍게 정리하는 기초단어: E, F

enfermo(엔페르모) 아픈

　Estoy enfermo.(에스토이 엔페르모) (나는) 아프다.

extranjero(엑스트랑헤로) 외국인

esperar(에스페라르) 기다리다

　Voy a esperar.(보이 아 에스페라르) (나는) 기다릴 것이다.

entrada(엔뜨라다) 입구 ↔ **salida**(살리다) 출구

equipaje(에끼파헤) 짐, 수화물

　¿Dónde puedo recoger mi equipaje?(돈데 뿌에도 레꼬헤르 미 에끼파

　헤) 내 수화물을 어디서 찾을 수 있나요?

escuela(에스꾸엘라) 학교

especial(에스페시알) 특별한

escribir(에스끄리비르) 쓰다

　Es muy difícil para escribir.(에스 무이 디피실 파라 에스끄리비르) 쓰는

　것이 매우 어렵다.

frio(프리오) 추운

fiesta(피에스타) 파티

fecha(페차) 날짜

¿Qué fecha es hoy?(께 페차 에스 오이) 오늘 날짜가 어떻게 됩니까?

familia(파밀리아) 가족

fuerte(푸에르떼) 강한

frutas(프루따스) 과일

fresa(프레사) 딸기

facil(파실) 쉬운

firma(피르마) 사인하다

Firma aqui, por favor.(피르마 아끼, 뽀르 파보르) 여기 사인해주세요.

까사 블랑카(Casa blanca)
당신의 눈동자에 건배!

"당신의 눈동자에 건배!"

"이게 마지막인 것처럼 키스해줘요."

"어찌 이리도 운이 좋은 건지."

주옥같은 명대사로 지금까지 사랑을 받고 있는 흑백영화의 고전 〈카사블랑카Casablanca〉다. Casablanca의 casa는 스페인어로 '집', blanca는 '하얀'으로 '하얀 집'이라는 뜻이다.

영화 〈카사블랑카〉는 1942년 모로코의 항구 도시 카사블랑카를 배경으로 만들었으며, 피아노 선율과 함께한 로맨틱의 정수로 불린다. 오바마 전 미국 대통령이 가장 좋아하는 영화로 꼽기도 했다. 1943년 루즈벨트와 처칠이 연합군 정상회의를 카사블랑카에서 개최하면서 특별한 홍보도 없이 광고 효과까지 얻은 영화다. 영화에서 샘이 연주하던 1927년 제작된 피아노가 2014년 340만 달러에 낙찰되면서 70여 년이 지난 후에도 여전히 영화적 추억과 로맨틱함으로 사랑받고 있다.

한국에서는 고故 최헌의 번안곡 〈카사블랑카〉가 유행하기도 했다. 음악 애호가라면 한번쯤은 "그대와 같이 본 영화 카사 블랑카"로 시작되는 그의 〈카사블랑카〉를 들어봤을 것이다. 웅대한 사랑, 순결의 꽃말을 가진 '카사 블랑카 백합'도 있다. 어쩌면 카사 블랑카casa blanca는 한국인에게 가장 익숙한 스페인어 단어 중 하나일 것이다.

"와인이나 한잔할까?"
¿Quieres una copa de vino?(끼에레스 우나 꼬파 데 비노)

멕시코에 살면서 가장 편하게 마실 수 있는 것이 칠레산 와인이었다. 물론 멕시코 와인도 출시되었지만 마트에서 손쉽게 접할 수 있는 것이 칠레산 와인이다. 한국에서의 삶을 다시 시작하니 한국인들의 와인 사랑이 대단하다는 것을 느낀다. 또한 와인에 대해 좀 더 구체적으로 배우고 싶으면 각종 와인스쿨에서 손쉽게 와인 지식을 얻을 수 있다. 인터넷에 검색만 해도 와인스쿨이 수없이 있을 정도니 와인에 대한 열정이 크다는 것을 알 수 있다.

사실 한국은 1988년 서울올림픽을 계기로 와인시장의 수입 자유화가 이루어지면서 와인시장이 기하급수적으로 성장했다. 수많은 나라에서 와인을 수입하지만 중저가를 겨냥한 칠레산 와인은 2017년 프랑스산을 제치고 점유율 1위를 기록했다. 칠레산은 가격뿐 아니라 와인의 풍족한 질감과 좋은 산도로 한국에서 상위의 점유율을 유지하고 있다. 특히 칠레 카사블랑카 밸리 지역에서 출시되는 화이트 와인은 와인의 40%를 젖산 발효해 최고의 품질을 유지한다. 와인 애호가들은 칠레 카사블랑카 밸리산인 몬테스 알파Montes Alpha를 즐긴다. 몬테스 알파는 세계 와인시장에서 상위에 기록되며 최고를 자랑한다.

'카사 블랑카'는 흑백영화의 고전을 연상하게도 하고, 칠레산 화이트와인도 상상하게 하며, 멋을 아는 자영업 사장들이 가장 선호하는 가게의 이름으로도 선호된다. '하얀 집'이란 의미의 카사 블랑카는 미국에 있는 백악관을 이야기할 때 표기하기도 한다.

스페인어를 배우며 그냥 모르고 지나쳤던, 큰 의미를 두지 않았던 일상 속 언어들을 하나씩 알아가는 기쁨을 즐겨보기 바란다. 낯설고 어렵게만 생각했던 스페인어가 어느새 익숙해질 것이다. 처음 시도가 낯설고 어렵지만 익숙해지면 가장 편한 것처럼, 스페인어도 즐길 수 있는 익숙한 언어가 될 것이다.

가볍게 정리하는 기초단어: G, H

gratis(그라티스) 공짜

  ¿Es gratis?(에스 그라티스) 공짜입니까?

gustar(구스타르) 좋아하다

  Me gusta el café.(메 구스타 엘 카페) 나는 커피를 좋아한다.

grande(그란데) 큰

gente(헨떼) 사람들

gordo(고르도) 뚱뚱한

gato(가또) 고양이

gastar(가스따르) 소비하다

ganar(가나르) 돈을 벌다

hombre(옴브레) 남자 ↔ mujere(무헤레) 여자

hora(오라) 시간

  ¿Qué hora es?(께 오라 에스) 몇 시입니까?

hoy(오이) 오늘

huevo(우에보) 달걀

helado(엘라도) 아이스크림

¿Te gusta el helado?(떼 구스타 엘 엘라도) 당신은 아이스크림을 좋아

하나요?

hielo(이엘로) 얼음

con hielo(꼰 이엘로) 얼음과 함께

hacer(아세르) ∼하다

¿Qué va a hacer?(께 바 아 아세르) 무엇을 할 건가요?

hijo/hija(이호/이하) 아들/딸

베사 메 무쵸(Besa me Mucho)
누구에게나 익숙한 그 노래

    칸쿤 호텔구역에 위치한 고급식당에서는 마리아치 공연이 열린다. 트럼펫 소리와 함께 전통적 복장을 갖춘 마리아치들이 입장한다. 그들의 등장만으로도 식당 안은 전율이 흐른다. 마리아치들은 테이블을 돌며 신청곡을 받고 연주의 대가로 팁을 받는다. 그들이 한국 관광객 테이블로 이동한다.

    "〈베사메무쵸〉 좀 신청해봐요."

    멕시코를 찾을 때 신청하는 첫 번째 곡이, 고 현인의 번안곡 〈베사메무쵸〉다. 베사 메 무쵸를 사랑하는 마음은 현지인보다 한국인이 더 애틋한 것 같다. 트럼펫의 강렬한 음과 함께 전주곡이 흘러나온다. 관광객들은 눈을 감으며 본토에서의 〈베사메무쵸〉 선율에 감동을 이어간다. 흥이 난 한 분이 선율에 맞추어 번안곡을 부른다. 곡이 끝나자 식사를 하던 관광객들이 우레와 같은 박수를 친다. 가수 김혁건이 "노래를 부르는 것은 누군가에 보이고 싶어서가 아니라 스스로의 행복과 소통을 위해서다"라고 말한 것처럼 〈베사메무쵸〉 한 곡으로 손님은 스스로 행복해했고 다른 관광객들과 소통했다. 노래 한 곡으로 중남미 여행의 재미가 더해진 듯하다.

　선착장 매표소에선 공연 무희들이 각국에서 온 관광객을 맞이한다. 한국인들이 버스에서 내리자마자 저 멀리서 "Corea(꼬레아)"를 외쳐댄다. 멕시코 칸쿤 투어 코스 중 하나인 선상크루즈다. 한국인들이 자주 찾다 보니 이제 한국말로 "대~한민국"도 외쳐댄다. 축구를 광적으로 좋아하는 멕시코는 2002년 월드컵에서 한국 4강 신화를 떠올리며 한국 관광객만 보면 '대~한민국'을 외쳐댄다. 한국인도 그들의 구호에 맞추어 박수를 친다. 외국이라는 낯선 긴장감이 있었지만 이들 덕분에 입장 전부터 환한 웃음으로 시작된다. 이슬라 무헤레스Isla Mujeres(여자의 섬)로 이동하는 선상에서의 50여 분은 전 세계에서 온 관광객들의 박수를 자아내고 살사춤도 가르쳐주며 같이 호흡하는 열정적 시간이다.

　혼을 빼놓는 즐거움과 함께 섬에 도착하면 뷔페식 식사를 한다. 물론 모든 음료나 술도 무제한으로 제공한다. 식사를 마치면 본격적인 공연이 시작된다. 공연의 제일 마지막 순서는 관광객들의 장기자랑 시간이다. 오늘은 미국, 프랑스, 영국, 한국 네 팀이 출연했다. 한국 손님이 조용남의 번안곡 〈제비La Golondrina〉를 신청한다. 노래가 끝나자 박수소리로 섬이 떠나갈 것 같다. 곳곳에서 앵콜을 외친다. 다시 〈베사메무쵸〉를 부르곤 맛깔스럽게 마무리한다. 한국 손님이 1등도 하고, 선물도 받고, 한국을 알리는 외교 역할도 톡톡히 해낸다. 사회자는 한국에서 리키 마틴이 왔다며 농담을 건넨다.

조용남의 번안곡 〈제비〉는 대표적인 멕시코 민요이며, 〈베사메무쵸〉는 멕시코의 대중음악이다. 1등을 한 손님은 〈제비〉와 〈베사메무쵸〉만 들어도 멕시코 크루즈란 추억이 떠오르지 않을까? 노스탤지어가 가지는 가장 중요한 특징이 따뜻함이라고 한다. 아마도 크루즈만 생각하면 편안함과 따뜻한 감정으로 미소를 지을 것이다.

베사 메 무쵸는 무슨 뜻일까? besa me mucho(베사 메 무쵸)에서 besa는 '입맞춤', me는 '나에게', mucho는 '많이'라는 의미다. 한국인들이 가장 잘 아는 단어인 베사 메 무쵸는 '나에게 입맞춤을 많이 해주세요'는 뜻이다. 마리아치들의 〈베사메무쵸〉 트럼펫 소리가 칸쿤 하늘을 수놓는다.

가볍게 정리하는 기초단어: I, J

isla(이슬라) 섬

ir(이르) 가다

    Quiero ir.(끼에로 이르) 가기를 원한다. * quiero + 동사원형

idea(이데아) 생각

igual(이구알) 같은, 동일한

jugo(후고) 주스

    jugo de naranja(후고 데 나랑하) 오렌지 주스

jugar(후가르) 놀다

    Me gusta jugar al fútbol.(메 구스따 알 풋볼) 나는 축구하는 것을 좋

아한다.

jefe(헤페) 보스, 우두머리

jardín(하르딘) 정원

    jardín de amor(하르딘 데 아모르) 사랑의 정원

junto(훈또) 함께

    todos juntos(또도스 훈또스) 모두 함께

라 꾸까라차(La cucaracha)
흥겨운 리듬 속 바퀴벌레?

"라 꾸까라차, 라 꾸까라차 따다다다 다다 다다~"

뒷가사는 기억나지 않지만 한국인이라면 '라 꾸까라차' 음정을 모르는 사람은 없을 것이다. 초등학생 시절 의미는 잘 모르지만 흥얼거리며 가장 흥겹게 불렀던 노래 중 하나다. 그런데 어른이 되어 다시 이 노래를 듣는다. 바로 멕시코에서다. 마리아치 공연단이 흥을 돋운다. 어릴 때부터 흥얼거렸던 익숙함에 저절로 신이 난다. 무엇보다 귀에 익숙한 음정이 나오니 더 흥겨운 것 같다. 그런데 멕시코에 살면서도 '라 꾸까라차'의 의미를 몰랐다. 그저 흥겨운, 멕시코 사람들이 좋아하는 노래 정도로만 알고 있었다.

멕시코에 살 때 아내의 비명이 들리면 바퀴벌레 때문이었다. 바퀴벌레 크기가 무지막지하다. 엄지손가락만 하니 말이다. 멕시코 칸쿤은 무덥고 습해서인지 한국 바퀴벌레와는 비교가 안 될 정도로 통통하게 살이 올라 있었다. 아침이면 거실 바닥에 한두 마리씩 배를 까고 누워 있었고 그걸 본 아내의 비명소리가 여지없이 쏟아져 나왔다.

"이르마! 바퀴벌레!"
cucaracha!

오늘은 현지인이 도우미로 오는 날이었다. 칸쿤에서 여행사를 운영할 땐 한국 손님들 투어를 직접 진행했다. 그런데 같은 날 여러 여행사를 통해 두세 팀이 한꺼번에 들어올 때면 아내도 어쩔 수 없이 가이드 일을 해야 했다. 이럴 때마다 가장 큰 어려움이 아이들이었다. 칸쿤에 한국 사람이라도 많이 살면 부탁이라도 할 텐데, 우리 가족 4명 외 다른 한국인 4명까지 단 8명이 살 때라 부탁할 곳도 없었다. 아내는 멕시코 도우미들에게 아이를 맡기면 히스테릭해졌다. 현지인들이 무슨 해코지라도 할까봐 걱정, 우유는 먹일까 걱정, 엄마의 마음이라 늘 걱정만 앞섰던 것 같다. 그런 우리 가족에게 큰 복덩이가 들어왔다. 바로 이르마였다.

이르마는 멕시코 사람답지 않게 한국 음식도 곧잘 요리했고, 태어난 지 갓 100일 지난 아들을 누구보다 예뻐해주었다. 도우미로

오는 날엔 우리 아들 안토니오 볼 생각에 잠을 잘 수가 없었다며 안토니오를 지극정성으로 보살펴 주었다. 이르마는 가장 오랫동안 도움을 준 멕시코 현지인이었다.

아내의 비명소리를 듣고 거실로 간 이르마는 놀라지도 않고 텁석 손으로 잡아 밖으로 휙 던져버린다. 마치 모기 잡듯이, 아무 두려움 없이 처리해버린다. 물론 나와 아내는 그 무덤덤한 표정에 더 기가 막힌다. 그때 이르마의 입에서 나온 단어가 '꾸까라차'였다. 그날 이르마의 무덤덤한 표정에서 나온 '꾸까라차'가 아니었다면 아마 한참을 지나서야 La cucarcha(라 꾸까라차)가 바퀴벌레란 의미를 알았을 것이다.

한국 초등학교 교과서에 등장했던 "병정들이 전진한다. 이 마을 저 마을 지나"로 시작하는 〈La cucarcha(라 꾸까라차)〉는 1910년 멕시코 혁명 당시 농민군들이 불렀던 노래로, 가난한 농민들의 비참한 모습과 끈질긴 생명력을 바퀴벌레에 비교해서 불렀다고 한다. 사실 바퀴벌레 하면 징그럽고 뭔가 불결한 이미지를 가진다. 하지만 바퀴벌레는 지구상에서 인간보다 오랜 시간 번식해온 가장 끈질긴 생명력을 자랑하는 곤충이다. 최근에는 바퀴벌레에 항암, 슈퍼 세균 억제 성분이 있는 것으로 밝혀지며 새로운 농가 소득원으로 탈바꿈하고 있으며, 일부 나라에서는 신약개발까지 착수했다고 한다. 그동안 징그럽고 불결한 바퀴벌레가 역발상의 전환으로 농가 소득원으로 자리매김하는 순간이다. 사실 그렇게 흥겹게 불렀던 〈라 꾸까라차〉 노래가 바퀴벌레란 의미를 알고선 김이 빠지기도 하고 허무하기도 했다. 그래도 농가 소득원으로 자리매김한다니 다행이다.

그러고 보면 살면서 단점이 장점으로 역발상되는 경우가 참 많은 것 같다. 스페인어를 몰랐으면 라 꾸까라차가 바퀴벌레란 것도 모르고 살았을 테니 어찌 보면 스페인어가 내 삶의 역발상이 아닐까? 사실 대부분의 사람들은 장점을 보려 하지 않고 단점만 보려고 한다. 단점만 보다 보니 실패하진 않을까, 잘못되면 어떡하지 하며 더 두려워한다. 장점이 더 많음에도 불구하고 자신이 가진 단점을 더 도드라지게 부풀리지는 않았는지 생각해볼 일이다. 스티비 원더Stevie Wonder에게 시력은 가질 수 없는 영역이었지만 탁월한 청력은 누구에게도 없는 그만의 능력이었다.

가볍게 정리하는 기초단어: L, M

luna(루나) 달

    luna de miel(루나 데 미엘) 신혼여행

ladron(라드론) 도둑

lavadora(라바도라) 세탁기

loco/a(로꼬) 미친

leche(레체) 우유

lento(렌또) 늦은

libro(리브로) 책

libre(리브레) 자유로운

llamar(야마르) 부르다

    ¿Como te llamas?(꼬모 떼 야마스) 이름이 뭐에요?

llegar(예가르) 도착하다   **llegada**(예가다) 도착

lluvia(유비아) 비

lleno(예노) 가득찬

    Lleno, por favor.(예노 뽀르 파보르) 꽉 채워주세요.

manzana(만사나) 사과

mañana(마냐나) 내일

Nos vemos mañana.(노스 베모스 마냐나) 내일 봅시다.

muy(무이) 매우

Muy rico.(무이 리꼬) 매우 맛있습니다.

mediano(메디아노) 중간

museo(무쎄오) 박물관

mas(마스) 더

Mas grande, por favor.(마스 그란데, 뽀르 파보르) 더 큰 것으로 부탁

합니다.

molestar(몰레스타르) 귀찮게 하다

No me molesta.(노 메 몰레스따) 귀찮게 하지 마세요.

돈데 보이(Donde voy)
멕시코를 떠나는 이들, 나는 어디로?

　불법 이민자 소식과 함께 연일 미 국경을 넘어가는 중남미인들의 소식으로 TV가 시끄럽다. 이번에 검거된 조직은 과감하게도 이민국 직원과 연계되어, 기존의 미 국경까지 차량으로 이동한 것과는 차원이 달랐다. 아예 멕시코 남부 지방에서 멕시코 최대 북부지역, 그러니까 미 국경 지역까지 이민국 직원의 묵인하에 비행기로 이동하는 것이었다. 물론 이 공급책의 근거지에는 출발일자만 기다리던 30여 명의 중국인들이 대기하고 있는 상태였다. 국경을 넘는 방법도 과감해 차량 내 사람들이 앉는 의자 밑을 개조해, 이동하는 동안에는 의자 밑에 쪼그려 누워서 이동한다. 검문소에서는 트렁크와 차량 내에 아무도 없기 때문에 무사통과였다.

물론 공급책에게는 이동하는 사람당 엄청난 금액을 지불한다고 한다. 미국으로 넘어갈 수 있게 가족끼리 자금을 모아서 지원하기도 하고, 심지어 집까지 판다고. 왜 이렇게 온 집안이 자금을 모아서 눈에 불을 켜고 미국으로 보내고 싶어 할까? 또 당사자는 이런 위험한 방법까지 동원하며 왜 미국으로 넘어가고 싶어 할까?

"대통령이 되면 3천km가 넘는 국경 장벽을 더 견고하게 만들겠다." 그뿐만 아니라 휴전선(250km)의 10배가 넘는 국경을 "9m가 넘는 높이의 펜스를 만들겠다"고 한다. 2016년 대선에 나온, 현재는 대통령이 된 트럼프의 공약이었다. 미국과 멕시코 국경은 전 세계에서 가장 많은 사람들이 횡단하는 곳이다. 미국과 남미의 생활 수준 차이는 수많은 불법 이민자들을 낳았다. 사실 트럼프의 공약이 실현 가능성이 없어 보였기 때문에 선거 당시까지만 해도 다들 그러려니 했다. 하지만 마침내 트럼프는 대통령이 되었고 2019년 4월 이 펜스를 위한 첫 삽을 퍼 올렸다.

사실 이 펜스가 유색인종의 차별이라는 시각도 있다. 그러나 미국 입장에서는 국경을 통해 넘어가는 마약운반 통로를 차단하고 납치, 갱단의 범죄 예방 등을 막기 위한 이유도 크다.

하지만 이런 노력에도 불구하고 오늘도 배고픔과 처절한 삶에 몸부림치는 많은 사람들은 국경을 넘어 아메리칸 드림을 꿈꾸고 있다. 그 과정에서 양국 사이에 위치한 사막을 지나면서 40도에

육박하는 더위와 갈증에 지치고, 득실거리는 전갈과 독거미로 인해 미국이라는 나라를 밟지도 못하고 생을 마감하는 사람이 한 해에 수천 명이 넘는다. 운이 좋아 국경을 넘어도 불법 이민자란 딱지로 두 다리 뻗고 잠도 제대로 한 번 자지 못하고 숨어 살고, 이민국 직원의 눈을 피해 도망다니며 마음 졸이면서 살아간다고 한다. 이들이 미국 땅을 밟고자 하는 이유는 한 가지다. 사랑하는 가족을 위해 돈을 벌고 좀 더 인간답게 먹고살기 위한 희망 때문이다.

1989년 이런 처절한 불법 이민자의 삶을 생생하게 그린 노래가 발표되었다. 발표 후 한국에서 더 큰 인기를 누렸다. 1990년 드라마 〈배반의 장미〉의 배경음악으로 최고의 인기를 누렸으며, 가수 심수봉의 번안곡 〈나는 어디로〉를 통해 한국인에게는 낯설지 않은 곡, 〈¿Donde Voy?(나는 어디로)〉다. 이 곡은 가사를 음미하지 않고 들으면 가슴을 저리는 애절한 사랑 노래인 줄 안다. 하지만 가사를 조금만 곱씹어 들으면 멕시코 국경을 넘는 불법 이민자의 처절한 삶과 고국에 남겨둔 연인을 그리워하는 애절함, 그 안타까운 사랑이 담겨 있다. 국경을 넘을 때 들키지 않고 넘을 수 있도록 "태양이여 부디 나를 비추지 마라No me salgas sol a nombrar me" 란 가사도 있다.

¿Donde Voy?(돈데 보이)에서 donde는 영어 'where'이며, voy

는 영어 'go'지만 스페인어 동사는 주어의 인칭에 따라 변화된다. 여기서 voy의 동사원형은 ir이다. ir가 주어의 인칭에 따라 변하는 형태는 아래와 같다.

ir동사	
1인칭 단수 voy	1인칭 복수 vamos
2인칭 단수 vas	2인칭 복수 vais
3인칭 단수 va	3인칭 복수 va

남미 특유의 컨츄리 풍이 느껴지는 노래 〈¿Donde Voy?(나는 어디로)〉는 희망이 안 보이는 절망적인 땅을 떠나 살아보고자 발버둥치는 멕시코인들의 참담한 삶을 표현한 곡이다.

가볍게 정리하는 기초단어: N, O

nombre(놈브레) 이름

negro(네그로) 검은

niño/a(니뇨/니냐) 남자아이/여자아이

nada(나다) 아무것도 아닌

 De nada.(데 나다) 별거 아니에요, 천만에요.

nadar(나다르) 수영하다

noche(노체) 저녁

oficina(오피시나) 사무실

otro(오뜨로) 다른, 딴

 Otra vez, por favor.(오뜨라 베스, 뽀르 파보르) 한 번 더 부탁합니다.

otoño(오또뇨) 가을

마르까(Marca)
스페인어로 브랜드를 짓다

1990년 대우자동차에서 나온 차종 중 에스페로Espero라는 것이 있었다. 대우자동차의 첫 고유 모델이었으며 당시 날렵한 이미지로 많은 인기를 구가했던 준중형 차종이었다. 친구가 새 차를 사게 되면서 거의 공짜로 주듯 흰색 에스페로 차를 건네주었다. 내 인생에서 처음 가졌던 차라 애정도 많이 갔다. 차를 건네받고 콧노래를 부르며 운전했던 기억이 지금도 생생하다.

살아가면서 처음이라는 것은 좋은 기억이든 나쁜 기억이든 오랜 시간 뇌리에 머문다. 그 기억들은 억지로 버릴 수도 없다. 지금도 기억나는 것을 보면 말이다. 당시 스페인어를 하나도 몰랐기 때문에 에스페로라는 말이 그냥 영어 단어이려니 했다. 에스페로는 스페인어로 '희망'이라는 뜻이다. 당시 현대자동차를 이기고 싶었던 대우자동차의 간절한 희망이 에스페로에 담겨 있었다.

1996년 출시된 스포츠 쿠페 모델인 티뷰론Tiburon은 질주 본능을 가진 이들의 로망과도 같은 스포츠카였다. 역동적 스타일로 소비자의 마음까지 잡았다. 당시 갓 입사한 새내기로 차를 구매할 엄두도 내지 못하던 나도 티뷰론에 빠져 갈망하기도 했다. 자동차 마니아라면 한번쯤은 보았을 영화 〈분노의 질주 2〉에 티뷰론이 나오기도 했다. 티뷰론은 스페인어로 '상어, 야심가'라는 뜻이다. 미국 캘리포니아주 마리나운티에 있는 마을 이름이기도 한 티뷰론은 지금도 40~50대 중장년층에게 추억의 스포츠카로 기억된다.

모세의 기적을 부르는 차가 있고, 출발 신호를 조금만 놓쳐도 득달같이 클랙슨의 울림을 받는 차가 있다. 차의 등급으로 대우가 달라지는 안타까운 세상이다. 한국으로 역이민을 결정한 후 아내는 아이들과 먼저 귀국했다. 나는 멕시코 집을 팔고 뒷정리를 한 후 들어오기로 했다. 기다리고 기다린 끝에 3년 만에 멕시코 집이 팔렸고 어렵게 한국으로 돌아오게 되었다. 아내는 먼저 정착해서 조금이라도 남편에게 도움을 주겠다는 마음으로 앙증맞은 빨간색 마티즈를 구매해 생활전선에서 달리고 있었다.

"마티즈 타고 다니면 얼마나 무시하는 줄 알아?" 아내의 경고처

럼 조금만 늦게 출발해도, 정당한 끼어들기를 하려 해도 과할 정
도로 클랙슨을 울려대곤 했다. 왜 그러는지 도무지 이해되질 않았
다. 물론 멕시코라고 이런 게 없진 않지만 그래도 한국처럼 대놓
고 표현하진 않았다.

어쩌면 피해의식일 수도 있다. 그런데 마티즈로 인한 과한 경적
소리를 느끼는 것이 나만의 피해의식일까? 한 번은 문을 열고 내
려서 시내버스 운전자와 실랑이를 벌인 적도 있다. 이렇게 실랑이
를 벌이고 나면 편해야 하는데 더 불편한 이유는 무엇일까?

우리는 어떨 때 진정 행복을 느낄까? 고전 연구자 박재희 박사
는 "남의 시선과 기대에 연연하지 않고 내 영혼의 소리에 귀를 기
울이고 사는 삶의 자세, 남의 시선에 연연하지 않고 자신의 삶에
만족스러운 상태를 바로 쾌족快足이라 한다"라며 행복의 의미를
표현했다. 우리는 남의 시선에 연연하며 우리의 행복을 버리는
경우가 있다. 어쩌면 내가 운전했던 마티즈도 남을 의식하는 나
로 인해, 단 한 번의 경적소리에도 평상시와 다른 민감한 반응을
보였던 건 아닐까? 남이 그렇게 하지 않았는데도 나를 우습게 보
거나 공격하는 것으로 받아들여 피해의식을 가진 건 아니었을까?
다시 한 번 생각해볼 일이다. 마티즈Matiz는 스페인어로 '뉘앙스'
라는 뜻이다. 마티즈가 뉘앙스라는 의미의 스페인어였다니, 신기
하지 않은가? 스페인어가 곧 나의 마르까다. 나만의 마르까 스페
인어를 배워보자.

"냉장고에서 모터소리가 너무 크게 나는데?"

냉장고 모터에서 돌이 굴러가는 듯한 굉음이 들렸다. 머리가 아플 정도였다. 요즘 층간소음으로 문제들이 많은데 얼음 덩어리 굴러가는 소리가 나니 온 집 안이 울리는 듯하다. 냉장고를 분해해 성애를 제거해야 했다. 그런데 아무리 해도 나사 하나가 빠지질 않는다. 결국 제거하지 못하고 AS 직원을 불렀다. 점검 온 사람이 전부 제거하기는 했지만 냉장고가 오래 되었으니 바꾸는 편이 좋을 거라고 하고 갔다.

아내는 좋은 기회라는 듯 냉장고 모델을 고르기 시작했다. 그러곤 통보를 던졌다. "나, LG 디오스Dios 사기로 했어." 디오스는 스페인어로 '신, 하느님'이라는 뜻이다. 냉장고의 신이라는 의미로 지은 것일까? 아무튼 아내는 바뀐 얼음정수기 냉장고를 오늘도 반짝반짝 빛날 정도로 닦고 또 닦는다.

"우리도 아파트 청약 한 번 넣어볼까?"

아내가 원하는 새로운 아파트는 'O2 GRANDE' 였다. O2는 '산소', GRANDE는 스페인어로 '큰, 풍부한'이라는 의미다. 즉 'O2 GRANDE'는 맑은 산소가 가득하다란 뜻을 가진다. GRANDE는 이태리어로 읽어도 '그란데'가 된다. 이태리어 의미도 '많은, 풍부한, 대단한, 웅장한'으로 번역할 수 있다. 물론 GRANDE는 제일건설측이 소개한 것처럼 스페인 귀족 가운데 가장 높은 계급의 칭

호이기도 하다. 스페인어 하나만 알아도 그 아파트의 의미까지 알
수 있으니, 얼마나 좋은가?

이 외에도 한국GM의 다마스(Damas; 숙녀), 기아자동차의 리
오(Rio; 강), 비스토(Visto; ~을 보다, 보인), 카페(Cafe; 커피) 등 곳
곳에 스페인어가 사용되고 있다. 특히 자동차 회사에서 유용하게
사용된다. 스페인어를 배우고 나면 일상 속에서 사용되는 스페인
어 의미를 알 수 있고 소소한 재미를 얻을 수 있다.

가볍게 정리하는 기초단어: P, Q, R

pequeño(페꼐뇨) 작은

pero(페로) 그러나

paloma(팔로마) 비둘기

poco(포꼬) 약간, 작은

    un poco de agua(운 포꼬 데 아구아) 약간의 물

que(께) 무엇

    ¿Que te gusta?(께 떼 구스타) 무엇을 좋아합니까?

reloj(레로흐) 시계

rojo(로호) 빨간색

roca(로까) 돌

카페(Cafe)
거리에서 자주 보는 간판들

요즘 길거리를 지나다 보면 한 집 건너 한 집 꼴로 커피숍들이 들어선다. 한국에 처음 커피가 들어온 시기는 언제일까? 김성윤의 『커피이야기』에서는 한국인 최초 커피 애호가는 고종이었으며, 6·25전쟁 당시 미군이 한국에 주둔하면서 본격적으로 커피가 보급되었다고 한다. 어릴 적 시골에서는 어른들이 커피에 설탕을 듬뿍 첨가해 쓴 단물(?)이라며 즐기셨다. 할아버지가 방문할 때면 어머니는 커피에 프림, 설탕을 잔뜩 첨가해 달달하게 대접하곤 하셨다. 그럴 때마다 할아버지는 간에 기별도 안 간다며 양동이에 가득 달라곤 하셨다. 물론 다음번에 방문하시면 그날 커피를 마신 후 밤새 한숨도 자지 못해 밤을 꼴딱 새우게 한, 희한한 쓴 물이라며 이야기보따리를 풀곤 하셨다. 어릴 적 시골에선 담 너머마다 커피에 대한 에피소드 하나씩은 가지고 있었다.

시골 할아버지에겐 쓴 물이자 잠도 오지 않게 했던 희한한 커피가 이젠 대중 기호품이 되었다. 걷다 보면 테이크아웃 커피를 들고 다니는 사람들로 가득하다. 특히 직장인들이 밀집한 여의도, 강남일대의 점심시간엔 너 나 할 것 없이 커피와 함께 걷는 모습을 볼 수 있다. 한국인의 커피 사랑에 혀를 내두를 정도다. 그런 기호도와 대중의 눈높이에 맞춰 커피숍의 이름 또한 스페인어, 이태리어, 영어, 고전 한국어 등 다양하다.

스페인어만으로 만들어진 간판 또한 많다. 스페인어를 배우고 나면 커피숍 하나를 방문해도 새롭게 알게 되는 의미에 기쁘다. 사실 cafe(카페)는 야간에 술을 파는 장소 또는 사교적인 만남의 장소가 되었지만 순수한 의미는 '커피'다.

국내 최초의 갤러리 카페이자 로스터리 프랜차이즈 커피숍이 있다. 갓 볶은 최상의 원두커피를 제공하고 있는 cafe contigo(카페 꼰띠고)다. 매일 로스팅해 신선한 커피 맛이 일품인 카페 콘띠고의 contigo는 '너와 함께'라는 의미의 스페인어다. con(꼰)은 '~와 함께'의 의미가 있는 전치사로, '얼음과 함께'라고 표현할 땐 'con hielo(꼰 이엘로)'라고 하면 된다. 커피숍 cafe te amo(까페 떼 아모)의 cafe는 '커피', te amo는 '너를 사랑해'라는 의미다. 연인끼리 커피숍을 방문했을 때 '커피숍 이름이 너에 대한 마음이야' 라고 한다면 얼마나 멋진 표현이 될까? 가끔 표현에 미숙한 연인 이라면 cafe te amo(까페 떼 아모)를 방문해보자.

대구 수성구에는 커피의 모든 것을 느끼고 볼 수 있는 커피 명 가 라 핀카(La Finca)라는 커피 농장이 있다. 대구 커피 문화의 산 증인 안명규 대표가 운영하는 마을 기업형 커피 문화 공간이다. 라 핀카 커피 농장에서는 커피 생산 과정까지도 체험할 수 있다. La Finca는 '농장, 대농원'이라는 의미를 가진 스페인어다.

골목골목에 자리한 커피숍의 수만큼 스페인어 간판도 많아졌 다. 지나면서 '그냥 외국어구나'라고 하는 것과 '스페인어의 의미 가 무엇이다'라고 하는 것의 차이는 감동이 다르다. 보석도 볼 줄 아는 사람에게 가치가 있다. 하루를 살아가면서 얼마나 자주 소소 한 감동을 느끼는가? 소소한 감동은 작지만 삶을 더 풍요롭게 만 들어준다. 그 시작을 스페인어와 함께 해보자.

가볍게 정리하는 기초단어: T, U, V, Z

tener(떼네르) 가지다

tomar(또마르) 마시다

¿Que quiere tomar?(께 끼에레 또마르) 무엇을 마시길 원합니까?

universidad(우니베르시다드) 대학

usar(우사르) 사용하다

verde(베르데) 녹색

ver(베르) 보다

Hace muho tiempo que no te veo.(아쎄 무쵸 띠엠포 께 노 떼 베오)
오랜만입니다.

vuelo(부엘로) 비행   ¿Hay vuelo?(아이 부엘로) 비행기가 있나요?

visitar(비시따르) 방문하다

Gracias por su visita.(그라시아스 뽀르 수 비시따) 방문해주셔서 감사
합니다.

puta madre(뿌따 마드레)와 tonto(똔또)
스페인어? 욕부터 배웠다

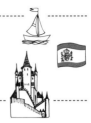

"Puta madre(mother fuck), 아니 아직도 예약자리를 안 만들어 놓으면 어떡하겠다는 거야?" 밥을 먹던 현지 가이드들이 놀란 눈을 하고 쳐다본다. 스페인어 욕을 너무나 쉽게 뱉으니 놀라는 것이다. 내 말에 식당 종업원도 받아친다.

"Puta, 지금 세팅하면 될 거 아냐?"

우린 자리 세팅 문제로 스페인어 욕을 찰지게 주고받았다. 하지만 전혀 악의가 없다. 둘만의 인사법이다. 물론 모르는 사람한테 이런 욕을 한다면 뺨 맞기 일쑤다.

"Tonto! 10자리만 만들면 어떡해?" 12자리를 예약했는데 종업원이 또 말귀를 못 알아듣고 10자리만 세팅하고 있었다. 내 입에서는 멍청이tonto란 스페인어 욕이 여지없이 튀어나왔다.

칸쿤 마야문명 유적지 치첸이싸의 saibe(사이베) 식당에선 현지 종업원들과 항상 이런 욕으로 대화했다. 물론 그 욕을 듣는 현지 종업원도 나만 오면 이런 욕을 편하게 실컷 할 수 있고, 외국인인 나와 더 친해질 수 있어서인지 욕을 하는 걸 은근히 즐기며 반겼다.

과나후아또 사설학원에서 스페인어를 배운 지도 2개월이 지났다. 2개월 동안 선생님은 상식으로 알아야 한다며 스페인어 욕을 가르쳐주었다. 그 때문인지 거리를 걸을 때마다 가장 또렷이 들리는 말은 욕이었다. 한국에서도 거리를 걷다 보면 학생들끼리 뭉쳐 다니며 욕도 하고 장난도 하며 걷듯이 멕시코도 마찬가지였다. 그런데 욕은 아무리 작게 말해도 확성기 틀어놓은 것처럼 크게 들린다. 난 이때 배운 욕으로 멕시코 친구들과 친해질 수 있었다. 당연히 악의는 없었고 욕을 섞어가며 즐겁게 대화했다.

욕이라는 게 이상하게도 스페인어를 더 친숙하게 다가갈 수 있는 언어로 만들어주었던 것 같다. 당연히 아무 데서나 욕을 하는 것은 아니고, 절대 화가 나서 분노의 감정으로 내뱉는 욕을 이야기하는 것은 아니다.

하버드대학교의 마틴 타이커 교수는 〈언어폭력과 뇌의 관계〉란 자료에서 분노의 감정에서 내뱉은 욕은, 일반 단어보다 4배나 강하게 기억된다고 했다. 분노의 감정에서 내뱉는 욕설은 나를 부정적으로 만들 뿐 아니라 들을 준비도 되어 있지 않은 상대방을 기분 나쁘게 한다. 분노의 감정에서 쏟아내는 나쁜 말들은 화를 돋우고 불편한 사회를 만들기 때문에 반드시 개선이 필요하다고 했다.

다시금 말하지만 난 스페인어를 배우고 현지인과 싸울 때조차 이런 분노의 욕들을 하지 않았다. 즐거운 자리에서 친근감 표시로 장난처럼 했다. 당연히 멕시코에 사는 10년 동안 욕으로 싸움이 일어난 적은 한 번도 없었다. 누울 자리를 보고 다리를 뻗었다. 오히려 화가 나서 싸울 때는 더 저음의 스페인어로 말하곤 했다.

vivo de puta madre.(비보 데 뿌따 마드레)

깜짝 놀랐다. 아니 옷 위에 찍힌 로고가 욕이 아닌가! 분명히 puta madre는 욕이었다. 그런데 이런 로고가 찍힌 옷이 그것도 대형 매장에 버젓이 걸려 있었다. 알고 보니 이 단어가 de와 어울리면 완전히 의미가 바뀌었다. de puta madre는 욕이 아니라 칭찬이었다.

'진짜 괜찮은, 대박'의 의미였다. 'eres un amigo de puta madre(에레스 운 아미고 데 뿌따 마드레)'의 뜻은 '너는 정말 괜찮은 친구야'의 의미였다. 음식점에서 음식이 '완전 맛있다'를 'esto es comida de puta madre(에스또 에스 꼬미다 데 뿌따 마드레)'로 표현해도 된다.

　언어 습득은 열정이다. 욕이라는 생각과 함께 부정적 감정이 생긴다면 하지 말자. 또한 분노의 감정으로 내뱉을 거면 스페인어 욕은 절대 하지 말자. 다시는 멕시코 사람들이 당신을 보지 않을 것이다. 단, 친구로 사귄 후 그 사람들과 완전히 동화되고 싶고 더 가깝게 그들의 세상으로 들어가고 싶다면 친한 감정과 함께 던져보자. 'puta'라고.

　누군가와의 관계가 그 사람의 말투에 따라 결정되는 경우가 많다. 무례하고 상식이 벗어난 말투는 모든 일을 그르칠 것이다. 하물며 욕이라도 전달하는 말투에 따라 상대를 화나게 할 수도 있고 더 즐겁게 할 수도 있다. 오늘 당신은 어떤 말투로 상대와 대화를 나눌 것인가? 재미난 일을 하면 더 즐거워지듯이 언어도 재미나게 배우자. 스페인어는 정말 재미난 언어다. 나도 그렇게 재미나게 스페인어를 배웠다. 욕과 함께 신나게.

식당에서 사용하는 스페인어

carne de cerdo(까르네 데 쎄르도) 돼지고기   chuleta(출레따) 갈비

bistec(비스떽) 스테이크   pollo(뽀요) 치킨

arroz(아로쓰) 밥   sopa(쏘빠) 수프

sopa de marisco(쏘빠 데 마리스꼬) 해산물 수프   propina(쁘로삐나) 팁

La carta en inglés, por favor.(라 까르따 엔 잉글레스, 뽀르 파보르) 영어 메
    뉴판 좀 주세요.

Oiga(오이가) 여보세요?(종업원이나 모르는 사람을 부를 때 사용한다.)

¿Qué me recomienda?(께 메 레꼬미엔다) 추천해주실 음식이 무엇입니
    까?

¿Qué quiere beber?(께 끼에레 베베르) 마실 것은 무엇으로 하시겠습니
    까?

Agua con hielo, por favor.(아구아 꼰 이엘로, 뽀르 파보르) 얼음물 좀 주
    세요.

La cuenta, por favor.(라 꾸엔따, 뽀르 파보르) 계산서 좀 주세요.

invito(인비또: 초대)
오늘은 한턱 쏘는 거야

    한국에서도 언젠가부터 자주 사용하는 단어가 'invito(초대)'다. 카페나 맛집의 상호로 모 가구 업체에선 과거와 달리 젊은 회사 리더들의 트렌드에 맞게 가구도 감각적으로 접근해 시리즈 가구 중 하나로 사용한다. 그런데 'invito'를 초대라는 해석에 국한시키다 보니 항상 남이 나를 자기 집이나 파티에 초대하는 것으로만 생각했다. 이렇게 해석한 탓에 가끔 오해도 있었다.

    "마르코, 오늘 저녁에 술 한잔하는 게 어때?" 멕시코 생활 동안 멕시코 친구들과 가지는 술자리는 이민생활의 고달픔과 외로움을 달래주었고, 현지인들의 사고나 생활을 이해하는 데 많은 도움이 되었다. 지그 지글러가 "대인관계는 메아리와 같다"라고 표현한 것처럼 멕시코에서의 삶도 나 하기 나름이었다. 폐쇄적으로 행동했다면 집에서 TV나 보고 게임이나 했었을 것이고 이민생활의 적응도 어려웠을 것이다.

"¿Cómo andas?(꼬모 안다스; 요즘 어떻게 지내)"

"그냥 뭐 내 일이란 게 그렇잖아. 손님 오면 일하러 나가고 없으면 집에서 푹 쉬고. Todo bien.(또도 비엔; 모든 게 괜찮아)"

그럼 "오늘은 내가 초대할게"라며 발데말이 말했다. 그런데 엊그제 그의 초대를 받아서 잘 먹고 잘 놀다 왔는데, 또 초대를 한다고 한다. '아니, 우리 가족이 그렇게 좋나? 왜 한 주에 2번 이상 초대한다는 거지? 이번에는 선물로 뭘 또 가지고 가나. 이제 한국 음식도 종류별로 다 가지고 가서 더 이상 가지고 갈 것도 없고.'

우리는 이런저런 이야기를 나누면서 술도 많이 마셨다. 테이블을 보니 이미 맥주와 데킬라 병으로 가득이다. 오늘은 꽤나 금액이 나올 것 같다. 멕시코는 항상 더치페이니, 오늘 마음껏 마시고 더치페이하지 뭐.

"3,700페소입니다." 헉! 3,700페소에 팁까지 합하면 4천 페소, 한국 돈으로 40만 원이 넘는 금액이다. 아무리 그래도 그렇지 40만 원어치의 술을 마시다니, 나는 지갑에서 2천 페소를 꺼냈다. "발데말, 여기 2천 페소", "마르코! 오늘 내가 te invito(떼 인비또; 너 초대할게) 한다고 했잖아."

"그래 내가 이번 주에 갈게. 걱정 마!" 그런데 발데말은 우리 가족을 초대한다는 말이 아니었다. 여기서 invito는 초대한다는 의미도 있지만 '한턱 쏠게'라는 말도 된다. 그러니 te invito는 '너를 초대할게' 또는 '오늘 너를 위해 한턱 쏠게'의 뜻이다.

만약 'te invito una cerveza(떼 인비또 우나 쎄르베사)'라면 '맥주 한잔 쏠게'라는 말이 된다. 난 그날 발데말에게 과한 대접을 받았다. 그래서 미안한 마음도 들었다. 이때만 해도 멕시코 정착 초기라 나에게 20만 원은 큰 금액이었다. 그러다 보니 술을 마시면서도 계속해서 돈 걱정만 했으니 발데말 입장에서는 왜 이렇게 대화에 집중하지 않나 생각했을 것이다. 한순간에 사람이 작아지는 느낌이었다. 나중에 내가 조금 더 정착하고 나면 꼭 발데말에게 "te invito"라고 할 것이다. 발데말은 늘 그 자리에서 나를 보고 있으니 말이다.

사람의 마음은 어떨 때는 넓디넓은 바다와 같고 어떨 때는 좁쌀만 한 새가슴이 될 때가 있다. 오늘 난 그렇게 작은 새가슴이 되었다. 집에 돌아오는 내내 정채봉 시인의 시 〈처음의 마음으로 돌아가라〉란 구절이 생각난다. "광야로 내보낸 자식은 콩나무가 되었고, 온실로 내보낸 자식은 콩나물이 되었고." 난 이 광야에서 콩나무로 자랄 수 있을까? 오늘 마신 술 한 잔에 씁쓸한 기분이 든다. 발데말과의 친한 우정을 오랜 시간 간직하며, 그가 가장 가고 싶어 하는 나라 한국으로 꼭 초대하고 싶다. 언젠가 발데말에게 이런 말을 할 날이 올 것이다.

"발데말, te invito a Corea!" 그날을 위해 난 오늘도 광야를 달린다. 콩나무가 되기 위해.

교통 관련 스페인어

taxi(딱시) 택시

   Necesito un taxi.(네쎄시또 운 딱시) 택시가 필요합니다.

bajar(바하르) 내리다

   Qiero bajar.(끼에로 바하르) 내리기를 원합니다.

tren(뜨렌) 기차

   ¿A qué hora sale?(아 께 오라 살레) 몇 시에 출발합니까?

billete(비예떼) 티켓

   Un billete, por favor.(운 비예떼, 뽀르 파보르) 티켓 부탁합니다.

ida y vuelta(이다 이 부엘따) 왕복

   Un billete de ida y vuelta, por favor.(운 비예떼 데 이다 이 부엘따, 뽀
르 파보르) 왕복표 주세요.

autobús(아우또부스) 버스

   en parada de autobus(엔 빠라다 데 아우또부스) 버스정류장

último(울띠모) 마지막, 최종의

   el último autobús(엘 울띠모 아우또부스) 막차

autopista(아우또삐스타) 고속도로

metro(메뜨로) 지하철

¿Donde está la estación de metro?(돈데 에스따 라 에스따씨온 데 메뜨로) 지하철역은 어디에 있습니까?

aeropuerto(아에로뿌에르또) 공항

Vamos al aeropuerto.(바모스 알 아에로뿌에르또) 공항으로 갑시다.

pasillo(빠시요) 복도

ventanilla(벤따니야) 창문

Pasillo o ventanilla(빠시요 오 벤따니야) 복도쪽으로 드릴까요? 창가로 드릴까요?

muy rico(무이 리꼬: 맛있다)
자꾸 대접하고 싶은 한국 음식

"마르코, 크리스마스 날 무슨 계획 있니?"

멕시코에 정착한 지 5개월째였다. 멕시코에서의 이민을 결정하곤 현지 백화점에 조그마한 가게를 꾸몄다. 멕시코 거주비자도 당장 만들어야 했고, 한국에서 가지고 온 돈을 날름날름 지출만 할 수도 없었다. 스페인어 어학연수, 방 렌트비, 생활비 등 안 벌고 지출만 하니, 두 배로 못 버는 거나 마찬가지였다. 경제적으로 힘들다 보니 조금씩 옥죄어 오는 압박이 장난이 아니었다.

하지만 가게를 새롭게 오픈한다는 것은 또 다른 분기점이 될 만한 선택이었다. 오픈 한 후 잘못된다면 멕시코 이민은 한순간에 물거품이 될 수도 있기 때문이다. 하지만 그냥 앉아서 아무 시도도 하지 않는다면 더 이상 좋아지기 어렵다는 것은 확실했다. 과감한 선택이 필요했고 그 선택에 최선을 다하는 수밖에 없었다. 당연히 잘못된 선택은 없다. 잘못된 선택이 있는 것이 아니라 잘못된 생각이 있을 뿐이었다. 내가 선택한 것이 잘못된 선택이 되지 않게 하기 위해서는 최선을 다하는 수밖에 없다. 최선을 다한다면 잘못된 선택이 아니라 최상의 선택이 될 수 있다.

그렇게 남은 전 재산을 투자해 물건을 구매하고 가게를 오픈한 후 손님들에게 정성을 다하다 보니 가게는 빠르게 자리를 잡았다. 그러면서 옆 향수가게 주인과 친해졌다. 향수가게는 이스라엘에서 이민 온 남편과 멕시코 아내 나딘이 운영했다. 그들은 크리스마스 날 우리를 초대했다.

"무슨 선물을 사 가지고 갈까?" 초대는 응했지만 마땅히 가지고 갈 선물을 마련하지 못했다. 우린 선물 대신 한국 음식을 준비하기로 했다. 멕시코 칸쿤은 한국인도 없고 한국 음식점도 없으니 한국 음식을 먹어볼 기회가 없었을 것이다. 우리는 멕시코 음식과 가장 비슷한 제육볶음을 준비했다. 고추장과 설탕이 들어간 제육볶음은 매운 맛과 단맛을 좋아하는 멕시코인들의 입맛에 딱 맞을 것 같았다.

"뭐로 만들었는데 빨간색이야?"
"코리안 소스로 만든 거야."

그들이 조심스럽게 먹어본다. "마르코! muy rico.(무이 리꼬; 맛있다)" 사실 멕시코 사람들은 맛이 없어도 예의로 맛있다고 하는 경우가 많다. 이럴 땐 파티가 끝나고 나서 음식이 남아 있는지 아닌지를 보면 된다. 그런데 제육볶음이 모든 음식 중에서 가장 빨리 사라졌다. 음식을 먹으면서 연신 맛있다라며 찬사를 보냈다. 그리고 고기를 야채에 싸서 먹는 것에 더 감탄했다. 고기, 야채를 같이 먹는 것이 훨씬 깔끔하다며 난리가 났다. 우린 멕시코인들의 첫 번째 초대에 완벽하게 합격점을 받았다.

칸쿤에 한국 식품점이 없었기 때문에 구하기가 정말 힘든 음식 재료가 있었다. 단무지다. 그런데 멕시코시티에서 아는 형님이 휴가차 오면서 단무지를 가지고 왔다. 눈물이 날 정도로 반가운 재료였다. 김밥을 만들어 먹으니 환상적이었다. 이런 귀한 재료들은 아껴서 먹을 수밖에 없다. 너무 쉽게 보거나 너무 쉽게 만나면 그 귀함을 모를 때가 있다. 떠나고 나야 그 귀함을 아는 것도 많다. 고개만 돌리면 볼 수 있었던 한국 음식들이 외국에선 너무 귀했다. 그래서 더 소중했다.

"주말에 뭐해?"

¿Qué vas a hacer el fin de semana?(께 바스 아 아쎄르 엘 핀 데 쎄마나)

향수가게 사람들과는 거의 매주 모임을 가졌다. 우린 정을 붙일 수 있는 사람이 나딘네 외엔 없었다. 아내도 나딘을 언니처럼 잘 따르며 멕시코 이민 생활에 적응하고 있었다. 주말에 가게 문을 닫고 나면 누가 먼저랄 것도 없이 모였다.

"우리 나딘네 갈 때 김밥 만들어 갈까?"

"이게 뭐야? 그런데 너무 이뻐서 먹질 못하겠다."

"한국식 스시야. 스시는 일본식이고 이건 한국식으로 김밥이라 그래."

"Muchsimo rico.(무치시모 리꼬; 정말 맛있다)"

김밥에 대한 평가는 제육볶음보다 더 좋았다. 최상급 표현을 던져주었다. 이민 생활 동안 멕시코인들의 초대 때마다 만들어 간 불고기, 제육볶음, 김밥 등 한국 음식에 대한 평가는 다 좋았다. 그들에게 특별했던 한국 음식으로 멕시코 친구들을 많이 사귈 수 있었다.

식사에 초대받았다면 한국에서라도 스페인어의 'muy rico'를 표현해보자. 그냥 편하게 스페인어를 말해보자. 한국에선 스페인어를 사용할 기회가 없다. 하지만 스페인어를 한 단어씩이라도 내뱉다 보면 스페인어는 하나씩 내 것이 될 것이다.

양해를 구하거나 실수할 때
사용하는 스페인어

Con permiso.(꼰 뻬르미소) 잠시 지나가겠습니다.

* con은 함께, permiso의 동사원형은 permitir(뻬르미띠르; 허락하다)이다. '허락과 함

께'라는 뜻이니 '잠시 지나가겠습니다'로 해석된다.

Perdón.(뻬르돈) 죄송합니다.

* perdón의 동사원형은 perdonar(페르도나르; 용서하다)이다.

¡Disculpe!(디스꿀뻬) 실례합니다.

Lo siento.(로 시엔또) 미안합니다.

* perdon(뻬르돈)과 disculpe(디스꿀뻬)는 "excuse me", lo siento(로 시엔또)는 "I'm

sorry"로 구분하자. 예를 들어 모르는 사람에게 뭔가를 물을 때 "Perdon(Discupe),

¿dónde está la salida?(실례지만, 출구가 어디입니까)"로, 누군가의 신발을 밟았을

때 "Lo siento.(미안합니다)"로 표현한다.

andale(안달레; 빨리)
축구에 열광하는 멕시코 사람들

"우리가 3대 1로 이긴 거 알지?"

1998년 프랑스 월드컵 때 한국·멕시코전에서 3 대 1로 이긴 걸 2001년에도 이야기한다. 3년이나 지난 월드컵 이야기를 하는 나라가 멕시코다. 경기에 이긴 것에 크나큰 자부심을 가지는 것도 멕시코다. 지나치다고 할 정도로 축구를 사랑하는 나라가 멕시코다. 칸쿤은 아열대 지역에 있기 때문에 1년 내내 덥다. 특히 여름이면 40도를 육박하며 습하기까지 하다. 하지만 해질 무렵 풋살 경기장에선 'andale(안달레; 빨리)'란 소리와 'go~~~l(고~~올)'이라는 함성을 들을 수 있다. 경기에서 골을 넣고 나면 실제 선수들보다 더 격한 세레머니를 심심찮게 볼 수 있다.

멕시코 축구 경기는 미리 표를 예매하지 않으면 구경할 수 없을 정도로 만석이다. 주말 동안 TV를 켜면 하루 종일 축구경기를 볼 수 있다. 아나운서들의 'go~~~l'이라는 소리가 담장을 넘어 들릴 정도다. 아나운서들은 누가 오랫동안 골이라는 소리를 내는지 내기를 하는 듯하다. 우리가 한일전 경기에 사활을 걸듯 멕시코도 미국이나 아르헨티나 경기에선 사생결단을 한다. 특히 멕시코 땅을 뺏어간 미국을 이기는 날엔 온 나라가 들썩인다. 월드컵 경기가 있는 날에는 더 열정적이다. 경기에서 이기면 기쁨의 경적소리가 밤새 거리를 메운다.

그런데 경기에 졌다고 큰 실망을 하지도 않는다. 다음 경기에 이기면 된다고 생각한다. 무한 긍정의 에너지다. 지나간 일을 신경 쓰면 건강만 해친다고 생각한다. 이기면 좋지만 져도 상관하지 않는 나라다.

"마르코, ¿Te gusta el fútbol?(떼 구스따 엘 풋볼; 축구 좋아해?)"

비자나 세금 처리 등 법적 문제를 해결해주는 변호사 찰리가 묻는다. 주말에 친선 축구경기가 있으니 같이 즐겨보자는 것이다. 은근히 내 축구 실력도 보자는 심산이었다. 갈등이 되었다. 못한다고 하자니 자존심 상하고, 한다고 하면 제대로 보여줘야 할 것 같고. 고민하다 결국 경기에 참석했다. 안 하고 후회하는 것보단 후회를 하더라도 최선을 다하는 것이 나을 듯했다. 살면서 최선을 다하고 감동한 것보다 안 하거나 미루어서 후회한 일이 얼마나 많은가?

멕시코인들의 친선 경기는 프로급이었다. 정말 죽기 살기로 뛰었다. 한국인의 자존심을 지키고 싶은 마음뿐이었다. 그런데 전후반 50분의 시간이 너무 길었다. 악으로 깡으로 경기를 치르고 나니 탈진상태가 되었다.

"마르코! 축구 잘하는데?" 속도 모르고 치켜세웠다. 난 속까지 메스꺼웠다. 친선 경기에 목숨까지 걸 필요는 없었는데 말이다. 그런데 작은 것 하나라도 목숨을 걸 정도로 최선을 다하지 않는다면 이룰 수 있는게 뭐가 있을까? 세상은 그렇게 녹록하지 않은데 말이다. 지금 걷지 않으면 나중엔 달려야 할 수도 있다. 땀 좀 식히고 나니 찰리가 부른다. "마르코 맥주 한잔하러 가자." 멕시코도 똑같았다. 사람 사는 곳은 한국이든 멕시코든 똑같다는 생각이 들었다. 그런데 너무 힘들어 집에 가고 싶은 마음뿐이다.

"Perdon(뻬르돈; 미안해), 난 집에 가고 싶어."

"마르코, andale(안달레; 어서)!"

요청에 할 수 없이 뒤를 따른다. 맥줏집에 도착하니 TV에서 또 축구경기가 나온다. 좀 전에 축구경기를 마무리했던 멕시코인들은 또 축구에 정신 줄을 놓고 있다. 맥줏집이 축구경기 관람으로 난리가 났다. 정말 이렇게 축구를 사랑하는 나라가 또 있을까? 집중하는 그들의 눈빛이 사뭇 진지하다. 공격수가 달리자 그들이 외친다. "andale, g~~ol!"

긴급 상황에서 필요한 스페인어

policía(폴리씨아) 경찰

  llame a la policía.(야메 아 라 폴리씨아) 경찰을 불러주세요.

ladrón(라드론) 도둑

embajada(엠바하다) 대사관

  La Embajada de Corea del Sur(라 엠바하다 데 꼬레아 델 수르) 한국 대

  사관

ambulancia(암불란씨아) 앰뷸런스

  No te muevas(노 떼 무에바스) 움직이지마

  ¡Ayudame!(아유다메) 도와주세요!

hotel (오뗄: 호텔)
한국 관광객은 멕시코에서도 빨리빨리

식당 직원들이 또 긴장한다. 한국 단체손님들이 왔기 때문이다. 내일 아침, 6시 15분부터 식당 앞에서 줄을 서서 기다리고 있을 것이다. 직원들은 긴 줄에 긴장할 수밖에 없다. 다음 날 오전 6시 28분, 결국 2분 일찍 문을 연다. 멕시코에서 2분 일찍 문을 연다는 것은 상상도 할 수 없는 일이다. 그런데 한국 손님들의 급한 성격 탓에 멕시코 직원들이 두 손을 든 것이다.

전날 손님들에게 아침 식사시간이 6시 30분부터라고 해도 6시 즈음이면 호텔 로비에서 서성거린다. 그리고 빨리 문 열라고 재촉하듯 15분이 넘으면 식당 앞에서 줄을 선다. 뒷짐까지 지고 근엄하게, 화난 것처럼 무표정으로 서 있으니 멕시코 직원들은 당황하는 것이다. 그래도 여기까진 낫다. 문을 열고 식사를 시작하면 10분도 안 되어서 끝이 난다. 식사 속도가 빠르다 보니 10분이면 다 마무리된다.

6시 45분에 식당에 도착한 다른 나라 손님이 생각할 땐 자기네들이 처음 식당에 온 줄 알 것이다. 우리의 빨리빨리 문화가 멕시코 호텔에까지 전파된다. 그래도 느린 멕시코 사람들이 한국 손님들로 인해 조금은 긴장하고 빨라진다는 것은 긍정적인(?) 일이었다.

"호텔 방에 비치된 1회용 커피는 드시면 안 됩니다."

멕시코 고급 호텔에서는 방에 비치된 것(생수·커피 등) 중 gratis(그라티스; 공짜)라고 적혀 있는 것 외에는 모두가 유료다. 우리나라 호텔에서 음료, 물, 커피까지 제공되는 것에 비하면 조금은 야박한(?) 나라다. 그래서 체크아웃 시 종종 계산해야 할 경우가 생긴다. 그래서 호텔에 투숙하는 손님들에게 이 상황을 꼭 전달한다. 많은 손님들이 불만을 가지는 것 중 하나는 칫솔이나 1회용 면도기조차 비치되지 않았다는 것이다. 멕시코는 그렇다. 방에 비치된 모든 물건 중 gratis라고 적혀 있지 않으면 사용하지 않는 것이 좋다.

"이거 집에 가져가서 아이들 줘."

어느새 가방에는 캔 음료가 한가득이다. 멕시코 휴양지(로스 까보스, 칸쿤, 뿌에르또 바야르따, 아카풀코) hotel(오뗄; 호텔)에서는 식당 음식, 스낵바, 음료, 주류가 모두 포함된 todo incluido(또도 인클루이도, all inclusive) 시스템이 많다. 특히 멕시코 칸쿤 호텔들 대부분은 todo incluido를 시행한다. 호텔 바 칵테일, 냉장고에 비치된 음료, 맥주, 호텔 내 모든 식당(양식·뷔페식·중식·일식), 팁까지 포함이다. 칸쿤을 방문하는 한국 손님 대부분은 이런 시스템을 좋아한다. 식사, 음료 걱정을 하지 않아도 되기 때문이다.

그런데 호텔에 투숙하는 손님들 중 냉장고에 비치된 음료를 가방에 싸서 가져가는 사람들이 종종 있다. 공항에 도착해서야 액체류를 소지하곤 기내에 탈 수 없다는 걸 알게 된다. 결국 그 많은 음료는 gratis로 내 차지가 된다. 우리 집에 놀러온 멕시코 친구들은 냉장고에 비치된 어마어마한 양의 음료들을 보곤 "한국 사람들은 음료수를 정말 좋아하나봐. 이렇게 냉장고에 꽉 채워놓고 마시니 말이야"라며 오해 아닌 오해를 하곤 했다. 그저 gratis 덕일 뿐인데 말이다.

호텔에서 사용하는 스페인어

habitacíon(아비따시온) 방

> ¿Tiene habitacíon libre?(띠에네 아비따시온 리브레) 빈 방 있습니까?

brata(바라따) 싼, 저렴한

desayuno(데사이우노) 아침식사

> ¿Está incluido el desayuno?(에스따 인끌루이도 엘 데사이우노) 아침식
> 사 포함입니까?

toalla(또아야) 수건

> Necesito más toallas.(네세씨또 마스 또아야스) 수건이 더 필요합니다.

aire acondicionado(아이레 아꼰디씨오나도) 에어컨

> No funciona el aire acondicionado.(노 푼씨오나 엘 아이레 아꼰디씨오
> 나도) 에어컨이 작동되지 않습니다.

caliente(깔리엔떼) 따뜻한

> No sale agua caliente.(노 살레 아구아 깔리엔떼) 따뜻한 물이 나오지
> 않습니다.

propina(쁘로삐나) 팁

telefono(텔레뽀노: 전화)
제발 전화기를 사용하고 싶어요

요즘 집 전화를 가지고 있는 사람이 얼마나 될까? 1인 1폰 시대이다 보니 집 전화가 있을 필요도 없다. 하지만 핸드폰이 활성화되기 전까진 집집마다 유일한 정보 교환망은 집 전화였다. 멕시코에 살 때가 2000년도니 핸드폰이 활성화되지 않은 시기였고 집 전화가 정말 중요했다. 멕시코에 살면서 오랜 시간 집을 렌트해 살았기 때문에 4번이나 이사를 다녔다.

첫 번째는 집에 물이 샜다. 주인이 고쳐주지도 않아 짜증나서 집을 옮겼다. 그런데 이때만 해도 이사의 고충을 전혀 모를 때였다. 첫 집에선 집주인이 전화라인을 가지고 있었고 그대로 사용하다 보니 전화에 대한 겁도 없었다. 그런데 두 번째 집에선 집 전화도 없었고 전화라인을 집주인이 아닌 렌트한 사람이 사야 했다.

전화국에 신청을 했지만 동네에 남아 있는 전화라인이 없어서 전화를 못 놓는다고 했다. 동네마다 라인 수가 정해져 있는데 그게 다 꽉 찼다고 했다. 발을 동동 구르고 있는 나를 본 향수가게 친구 나딘이 전화국 직원을 소개시켜줬다. "너희 나라는 안 그러겠지만, 전화 빨리 놓으려면 내가 시킨 대로 해." 결국 나딘의 충고대로 뒷돈 좀 주고 전화를 놓았다. 우리 동네 전화라인이 다 찼다면서도 거래를 좀 하고 나니 남의 동네 전화라인을 당겨와서 놓아 줬다. 참 희한한 나라다. 어쨌든 우여곡절 끝에 전화를 무사히 놓을 수 있었다.

그런데 두 번째 집에선 집주인이 해마다 집세를 올리는 것이었다. 세입자인 우리는 주인이 돈 달라는 소릴 안 해도 한 달이 지나면 알아서 렌트비를 꼬박꼬박 냈지만 계속해서 집세를 올리니 감당하기 어려웠다. 그리고 사실 꼬박꼬박 날짜 지키는 세입자를 어디서 만난다고 겁도 없이 그러나 싶기도 했다. 사실 멕시코인들은 대금지불이 안 좋다는 소문을 들었던지라 더 그랬다. 그런데 그다음 해에 집세를 또 올렸고 우린 다른 집을 구하겠다고 했다.

그렇게 해서 세 번째 집으로 이사했다. 그런데 이사한 집에 또 전화가 없었다. 할 수 없이 전화 이전 신청을 하고 목이 빠져라 기다렸다. 3주가 지나도 연락이 없었다. 한국 같으면 당일에 이전 설치가 가능할 텐데 3주 동안 감감 무소식이라니. 한 달의 시간이 꼬박 지나서야 겨우 전화가 설치되었다. 이사를 3번쯤 하다 보니 짐 싸고 풀고 전화 때문에 진 빼는 것도 지겨워서, 내 집 마련하기 전에는 절대로 이사를 안 하기로 다짐을 했다. 그런데 이건 야무진 세입자의 마음이고 세 번째 집도 주인이 '자기 오빠가 와서 살아야 한다'고 집을 비워 달라고 해서 꼼짝없이 나가야 했다. 여지껏 우리가 자발적으로 집을 나갔지, 집주인이 나가달라고 부탁한 건 이번이 처음이라 어찌나 황당했는지 모른다.

그렇게 다시 이사 온 집이 4번째가 되었다. 이젠 전화 사정을 훤히 아는지라, 이사 가기 4일 전에 미리 전화 이전 신청을 했다. 그런데 4번째 이사 후엔 허리케인 여파가 있었다. 그 여파로 최대 2달까지 걸린다고 한다. 또 뒷돈을 주고서라도 하려고 향수가게 나딘을 찾아 친분 있는 그 전화국 아저씨를 섭외했다. 사실 우리가 이렇게 전화에 매달린 이유는 여행사 일 때문이었다. 이때까지만 해도 한국 여행사에서 오는 모든 업무를 이메일과 팩스로 받았기 때문에 전화선이 깔리지 않으면 업무가 완전히 마비되었다.

그런데 그 아저씨가 말하기를 허리케인 여파로 호텔지역이랑 콘도지역 전화 라인이 다 엉켜서 전 전화국 직원이 죄다 그쪽으로 빠져 나갔단다. 칸쿤 시내에는 딱 4명의 직원만 배정되어 전화를 설치하려면 빨라야 3달이라고 했다. 게다가 우리집은 한정된 전화박스에 더 이상의 추가 할 수 있는 라인도 없다고 한다. 그럼 어떻게 하냐고 물어보니 그냥 기다리란다. 정말 짜증나고, 속도 상하고, 뭐 이런 나라가 다 있나 싶기도 했다.

그러던 어느 날, 아내의 과외가 있는 날이었다. 과외 하는 곳에 데려다주고 나오는데, 바로 옆에 전화국 차가 주차되어 있었다. 그 지역은 주택가였다. 전화국 차가 주차되어 있는 집을 올려다 보니 대문이 열려 있었다. 잠시 갈등했지만 밑져야 본전이라는 생각으로 갓 백일 된 석현이를 들쳐 안고 그 집으로 들어갔다.

마침 차 주인이 있어 그간의 사정을 말하며 갑갑하고 다급한 마음에 전화국 차만 보고 문을 두드렸다고 했다. 그런데 그도 허리케인 때문에 복구가 너무 늦어 미안하다고 했다. 전화 이전을 신청한 영수증이 있냐길래, 얼른 차에 내려가서 다시 가지고 올라왔다. 그는 내 핸드폰 번호와 기타사항을 적고선 자신이 이 동네 전화국 지점장이라며 오늘 가서 보고한 뒤 다음 주에 놓아주겠다고 약속을 해주었다. 설치가 늦어져 외국인인 우리에게 불편을 끼쳐 정말 죄송하다고 연신 사과를 했다.

다음 주가 되어, 오매불망 핸드폰만 쳐다보며 연락을 기다렸다. 그런데 수요일이 지나도 연락이 없다. 목요일 아침 아이들을 학교에 데려다주고 집에 오니 모르는 번호로 부재 중 전화가 두 통이나 남겨져 있었다. 다시 전화를 거니 통화 중. 30분이 지났지만 계속 통화 중이었다. 전화국이 틀림없다. 다시 연결해 겨우 연락이 닿았다. 그런데 전화국은 맞는데 설치 담당 직원들은 모두 외근을 나가 없고, 내 전화번호를 이야기하라고 해서 말했더니 내 순서는 아직 멀었단다. 설치 리스트에 없단다. 그래서 아니다, 전화국에서 2번이나 전화가 왔다, 그게 아니면 내가 어찌 이 전화번호를 알겠냐고 떼를 썼더니, 여러 명을 바꾸고 또 바꿔 마침내 연결된 직원 한 명이 "마르코?" 하면서 내 이름을 묻는다. 지점장이 전화 설치를 빨리 해주라고 했다면서 월요일날 해주겠단다. 눈물의 전화 설치가 드디어 이루어졌다.

진정으로 원하는 것이 있을 땐 최선을 다하면 이루어지는 것 같다. 결국 시간 싸움이지만 말이다. 중간에 포기하면 0이 되지만 계속 진행하면 힘은 들어도 0은 되지 않는다. 무슨 일이든 온 정성을 기울이지 않으면 어떠한 진도도 나가지 않고, 무언가 간절한 것을 기다릴 때는 1초가 1시간 같다는 것도 알게 되었다. 가끔 극성 맞는 행동을 표현해야 그 간절함을 상대방도 알 수 있다. 오늘 난 이루고자 하는 것에 얼마나 간절한가? 내 간절함을 상대방은 얼마나 아는가? 전화 설치는 우리에게 가장 큰 간절함이었다. 변화는 간절함을 느낄 때 시작된다.

일상에서 사용하는 스페인어

telefono(뗄레뽀노) 전화

casa(까사) 집

agua(아구아) 물

    Una agua, por favor.(우나 아구아, 뽀르 파보르) 물 한 잔 주세요.

por favor(뽀르 파보르) 제발

amigo(아미고) 친구

    Somos amigos.(쏘모스 아미고스) 우리는 친구다.

dinero(디네로) 돈

    No tengo dinero.(노 뗑고 디네로) 나는 돈이 없다.

coche(꼬체) 차

corea(꼬레아) 한국

coreano(꼬레아노) 한국 사람

    ¿De donde eres?(데 돈데 에레스) 국적이 어디입니까?

    Soy coreano.(쏘이 코레아노) 나는 한국 사람입니다.

sucio(쑤씨오; 더러운)
신발은 신발장으로

도우미가 청소를 하고 있다. 그런데 사방의 유리창은 닫혀 있고 에어컨은 강풍으로 작동된다. 빗자루가 움직일 때마다 거실엔 먼지가 가득하다. 아이들은 연신 콜록콜록 재채기를 한다. "로레! 문을 닫아놓고 저렇게 빗자루질을 하면 어떡해?" 수많은 먼지들이 에어컨 바람을 타고 날아다닌다. "로레! 이렇게 청소를 하면 집안 곳곳에 polvo(뽈보; 먼지)는 다 어디로 가겠니?" 로레는 어릴 때부터 이렇게 청소하는 모습만 보았기 때문에 당연한 것으로 여기고 있었다.

가끔 고착화된 습관은 전혀 바꿀 수가 없다. 하지만 당연시 여겨왔던 일들이 문제를 일으키면 돌이킬 수 없는 일이 된다. 그런데 고착화된 습관의 이면에는 불편함이 존재한다. 사실 고착화된 습관은 편하다. 바꾸기 위해 노력하지 않아도 되기 때문이다. 습관을 바꾸기 위해서는 숱한 노력을 기울여야 한다. 가끔 우리는 이런 노력을 기울이는 것이 불편하기 때문에 고착화된 습관대로 그렇게 시간을 보낸다.

로레네 집도 마찬가지다. 40도를 육박하는 칸쿤 날씨에, 청소를 위해 에어컨을 멈추고 불편함을 감수하면서 청소할 필요가 없었던 것이다. 그동안 에어컨 바람과 함께 청소를 해도 아무 문제가 없었으니 말이다. 하지만 큰 문제들은 한 번에 오지 않는다. 서서히 기본을 무너트리면서 깊은 뿌리를 흔들어 버린다. "로레, 이렇게 청소를 하다 보니 모든 먼지가 돌다 면역력이 부족한 아이들 입으로 들어가게 되는 거야. 그래서 저렇게 콜록이는 거고." 내말에 로레는 골똘히 생각했다. 결국 에어컨을 끄고 창문을 열어 환기를 시키면서 청소를 했다. 그러면서 마지막으로 한마디 던진다.

"Coreanos, muy inteligente.(꼬레아노스, 무이 인텔리헨테)"
한국 사람들 정말 똑똑하다.

집 안 곳곳에 먼지가 많은 이유는 멕시코 사람들이 집 안에서 신발을 신고 생활을 하기 때문이다. 심지어 침대 위에 올라갈 때도 신발을 신은 채로 올라가니 말 다했다. "참, 로레! 너희들은 왜 신발을 신고 실내에서 생활하니?", "한번도 신발을 벗고 생활을 안 해봤으니까." 정답이다. 그들은 한 번도 그렇게 생활을 안 해보았기 때문에 신발을 신고 생활하는 것을 당연하게 여길 수밖에 없다. 그런데 더욱 놀라운 것이 있었다. 신발을 어디다 두냐고 물어보니, 나를 안방으로 데리고 가서 침실 옆 붙박이장을 열어 보인다. 깜짝 놀랐다. 붙박이장은 마치 어지러운 전시장을 보는 듯했다. 그동안 신었던 신발들이 이리저리 엉켜 있었다. 어떤 신발들은 흙이 묻은 채 자리하고 있었다. 한국인의 마음으로 보니 정말 sucio(쑤씨오; 더러운)였다.

나는 로레를 우리 집으로 초대했다. 한국인이 거주하는 집은 어떤 모습인지를 보여주고 싶었다. 현관문을 입장할 땐 신발을 벗고 들어오라고 했다. 들고 들어온 신발은 현관 입구에 마련한 신발장에 놓으라고 했다. 집에 들어서면서 로레는 "참 편리하다", "이렇게 신발을 벗고 들어오니 발도 시원하고 너무 좋다", 그리고 "거실에는 먼지 하나 없다", "공기가 너무 깨끗하다"라며 계속해서 감탄을 쏟아냈다.

우리 집을 방문하고 돌아간 로레는 자기 집도 한국식으로 바꾸었다며 신발장도 만들고 집 안에선 신발을 벗고 다니며 청소할 땐 항상 창문을 열고 환기를 시키면서 한다고 했다. 무엇보다 아이들이 코를 훌쩍이며 기침하는 것이 없어졌다며 너무 고맙다고 인사한다. 좋은 것을 받아들일 줄 아는 로레의 마음도 고마웠다.

　가끔 아무리 좋은 이야기를 해도 상대방이 받아줄 마음의 여유가 없다면 벽 보고 이야기하는 것과 마찬가지다. 받아들일 자세가 되어야 다 깨끗해지고 발전하듯이 로레네 집은 sucio에서 limpio(림삐오; 깨끗한)로 바뀌었다. 그리고 로레의 영향으로 더 많은 이웃집들이 한국식으로 바뀌었다. 한국 문화의 선한 영향을 준 것 같아 마음까지 깨끗해졌다.

일상에서 사용하는 스페인어

tiempo(띠엠포) 날씨

　　Hace buen tiempo.(아쎄 부엔 띠엠포) 날씨가 좋다.

　　* tiempo는 '시간'이라는 의미도 있다.

viento(비엔또) 바람

　　Hace viento.(아쎄 비엔또) 바람이 분다.

limpiar(림삐아르) 청소하다.

sucio(쑤씨오) 더러운 ↔ limpio(림삐오) 깨끗한

abrir(아브릴) 열다　　　　　abierto(아비에르또) 열려진

zapatos(사빠또스) 신발

ventana(벤따나) 창문

siempre(씨엠프레) 항상

cómodo(꼬모도) 편한, 잘 맞는, 적합한

　　Una caferteria comoda(우나 카페테리아 꼬모다) 편한 커피숍

baño(바뇨) 화장실

　　¿Donde esta el baño?(돈데 에스따 엘 바뇨) 화장실이 어디입니까?

pesado(뻬사도; 무거운)
다이어트가 꼭 필요한가요?

"No, no pesado(뻬사도; 무거운). 다이어트가 전혀 필요 없는데 요?"

아내는 멕시코에 살며 계속 불어나는 몸무게로 스트레스를 받았다. 먼저 병원을 찾아 체지방 검사를 실시했다. 하지만 의사는 정상이라며 몸무게를 줄일 필요가 없다고 했다. 한국에서는 과체중일지 모르지만 멕시코 사람들과 비교하면 전혀 체중을 줄일 필요가 없다는 것이다. 결국 의사의 말 한마디에 아내의 태도는 돌변했다. "아니, 체중을 군이 줄일 필요가 없다잖아. 지극히 정상이라는데 그동안 왜 혼자 스트레스를 받았는지 모르겠네"라며 아이처럼 좋아했다. 아내는 그렇게 첫 다이어트 시도를 멈추고 말았다.

멕시코 사람들은 정말 비만이 많다. 음식 때문이다. 멕시코의 주식이 옥수수로 만든 또르띠야다. 또르띠야를 식사 때마다 몇 장씩 먹고 그것도 모자라 탄산음료를 마신다. 나도 멕시코에 사는 동안 식사 때마다 콜라를 마셨다. 멕시코에선 콜라를 주문하면 얼음이 담긴 컵과 음료가 같이 나온다. 더운 날 얼음과 함께 마시는 콜라 맛은 정말 기가 막힌다. 그리고 멕시코 음식 따코는 콜라와 함께 먹어야 더 맛나다. 전 세계에서 콜라 소비가 제일 많은 나라가 멕시코다. 1년에 1인당 675병을 마신다니 비만과 과체중 인구가 많은 것은 당연할지도 모른다.

멕시코인들도 다이어트에 관심이 높지만 식습관 자체를 바꾸지 않는다면 여전히 문제가 될 수밖에 없다. 아내는 오늘도 향수가게에서 수다를 떤다. "나딘, 나 요즘 살이 너무 쪄서 걱정이야." 나딘은 그런 말 하지 말라며 누구 놀리냐고 난리다. 살 뺄 곳이 어디 있냐며 펄쩍 뛴다. 엄마가 딸을 보는 마음처럼 "앙상하게 뼈밖에 남질 않았다"며 절대 빼지 말라고 한다. 멕시코 사람들이 보기에 한국 사람들은 날씬하다. 오는 손님들을 보며 "다들 뼈 밖에 남질 않았다"며 대체 무슨 약을 먹고 살을 빼냐고 질문하곤 한다.

멕시코에 살면서도 건강 염려증으로 무언가를 해야 한다는 생각에 헬스장을 찾았다. 그런데 헬스장엔 발 디딜 틈이 없다. 운동에 이렇게 관심이 많을 것이라곤 상상도 못했다. 특히 여성들은 살사, 요가, 필라테스에 관심이 많았고 남자들은 근육질 몸매에 관심이 많았다. 헬스장 한편에선 배 나온 남자가 윗몸 일으키기를 하려고 무척이나 애쓰고 있다. 땀도 비오듯 쏟아내고 있었다. 사실 다이어트든, 무슨 일이든 남이 하는 것은 쉬워 보인다. 그런데 그 일을 해봐야 그 사람의 고통을 알 수 있고, 해보지 않으면 고통을 알 수 없듯이, 우리는 가끔 다른 사람의 성과를 아무것도 아닌 것처럼 쉽게 이야기한다. 남이 하는 일이 쉬워 보이는 것은 그것에 대한 지식이 부족해서인 것 같다. 노력은 조그마한 차이를 만들고, 그 조그마한 차이가 엄청난 결과를 만들어낸다. 쉬워 보이지만 결코 쉬운 것은 없다. 우리가 지금까지 살아온 것처럼 말이다.

다이어트에 대한 열풍은 한국이나 멕시코나 미국이나 어디서나 마찬가지였다. TV를 켜기만 하면 다이어트, 건강보조식품, 피트니스에 대한 광고다. 시간이 지날수록 다이어트에 대한 관심이 높아진다. 시리얼 광고까지 쏟아내고 있다. 아침, 점심, 저녁에 시리얼로 다이어트를 시도하라는 광고까지 만들어 내는 나라가 멕시코다. 멕시코 헬스장은 다이어트 열풍으로 땀에 젖어 있고, 음식점에선 콜라와 함께 멕시코 전통음식 따코를 먹고 있다. 젊어선 돈 벌면서 몸 망가지고, 나이 들어선 그렇게 번 돈으로 건강을 챙기는 데 소비한다. 어차피 자기 몸 관리하기 위해 돈 번다는 말처럼 결국 인간은 먹기 위해서 돈을 벌고 쓰고, 먹은 것을 빼기 위해서 번 돈을 쓰는 것 같다.

운동으로 배우는 스페인어

pesado(뻬사도) 무거운

　Parece muy pesado(빠레세 무이 뻬사도). 당신은 엄청 살찐 거 같다.

delgado(델가도) 야윈, 살이 빠진

ejercicio(에헤르씨씨오) 운동

　Necesita hacer ejercicio(네쎄시따 아세르 에헤르씨씨오). 운동이 필요

하다.

deporte(데뽀르떼) 스포츠　　　　　　deportista(데뽀르띠스타) 운동선수

salud(살룻) 건강

　* 건배할 때도 'salud(살룻)', 재채기를 할 때도 'salud(살룻)'이라고 한다. 살룻은 건강이
　　라는 의미이기 때문에 건강을 위해 건배한다는 의미고, 재채기를 하면 건강을 챙기
　　라는 말이다.

descansar(데스깐사르) 휴식하다

parar(빠라르) 멈추다

sandwich(산드위치: 샌드위치)
멕시코 병원에서 아이가 태어나다

의사와 간호사 모두 7명이 기다리고 있다. 아내는 8시간째 산통 중이다. 멕시코 칸쿤에서 한국인이 태어나는 건 처음이다. 여자아인지 남자아인지 아직도 모른다. 이마에 땀이 송글송글 맺힌 채 고통을 견디는 아내의 모습이 안타까웠다. 같이 고통을 나눌 수 없음에 마음도 아팠다.

드디어 아내는 분만실로 이동했다. 이동 후 1시간이 지나고 의사는 파란 포에 싸인 아이를 보여주었다. 남자아이다. 포를 젖히니 코만 보인다. 내과, 안과, 이비인후과 등에서 온 7명의 의료진은 아이를 돌아보며 분야별로 체크했다. 그러곤 아무 이상 없음을 나에게 알렸다. 7명의 의료진이 함께 들어온 것도 그렇고 돌아가면서 자신의 전문분야에 따라 아이의 건강을 체크하는 것도 고마웠다. 모든 것이 낯선 환경에서 무사히 아이를 낳아준 아내에게도 고마웠다. 아이는 의료진들의 보호 아래 하루를 보낸다고 한다. 아이는 다음 날 아침에나 부모의 품에 안겨질 것이다.

아내는 하루만 병원에 머물기로 했다. 한국이라면 며칠은 더 머물러야 할 텐데, 멕시코 병원에선 하룻밤 머문 후, 다음 날 퇴원해도 무방하다고 했다. 그런데 그날 오후 처음으로 나온 식사에 아내와 나는 어안이 벙벙했다. 푸딩과 케이크가 나왔기 때문이다. 아니 아무리 문화가 틀려도 그렇지 어떻게 출산 후 첫 식사가 푸딩과 케이크란 말인가? 산모를 위해 나온 푸딩과 케이크는 내가 먹고 아내에게는 집에서 준비해온 미역국을 건넸다. 한국에 갈 때마다 가져온 한국 음식이 남아 있어서 다행이었다.

향수가게 나딘이 병문안을 왔다. 보통 산모가 누워 있는 첫날은 병문안을 오는 게 실례라고 생각하는데, 멕시코는 이런 것을 상관하지 않고 격하게 축하해주는 것을 좋은 문화라 여겼다. 오랜 진통, 출산 고통, 낯선 환경 이 모든 것을 버틴 하루였다. 아내는 이내 잠이 들었다. 고통스러웠지만 가장 아름다운 하루의 시간이 지났다.

새로운 날이 밝았다. 아내는 꽤 수척한 모습으로 간호원이 주는 아침식사를 맞이했다. dios mio(디오스 미오; 아이구, 맙소사)! 아침식사로 나온 것이 우유 한 잔과 샌드위치라니? 식사시간이 지난 후 간호원이 와서는 더 황당한 말을 건넸다.

"침대에 그냥 누워 있으면 안 돼요. 샤워도 하고 자꾸 움직여야 더 빨리 완쾌할 수 있어요." 어제 출산한 산모를 보호하지는 못할 망정, 샤워라니? 멕시코 출산 문화는 동양인에게는 무서울 정도였다. 손사래를 치며 샤워는 퇴원하고 집에 돌아가서 하겠다는 말로 입막음을 했다. 간호원은 이해할 수가 없다는 듯 머리를 저으며 병실을 나갔다. 12시가 되어 퇴원 수속을 밟았다. 입원하고 하루 만에 퇴원하는 나라. 달라도 너무 다른 출산 문화였다.

" ¡Felicidades!(펠리시다데쓰; 축하합니다)"

옆방에서 출산한 아이와 함께 병실을 방문했다. 멕시코 문화는 같은 날 태어난 아이들끼리 서로 인사를 나누어야 한다는 것이다. 우린 아직 눈도 뜨지 못하는 석현이를 보여주며 축하인사를 건넸다. 그리고 '시가담배'를 선물로 받았다. 남자아이가 태어나면 멕시코에선 시가담배를 선물하는 것이 전통이란다.

멕시코에 살지 않았다면, 스페인어를 알지 못했다면 전혀 알 수 없었던 새로운 경험들을 해본 소중한 1박 2일이 지났다. 아이는 한국인이자 멕시코인으로 훌륭하게 성장할 것이다. 내 아이의 이름 '안토니오, 석현, 남, 김Antonio Seukhyun Nam Kim'다. 아빠, 엄마 성과 한국 이름, 멕시코 이름을 모두 합치다 보니 매우 길다. 앞으로 석현이를 부를 땐 이름만 부르다가 시간을 다 보낼 것 같다.

병원에서 사용하는 스페인어

hospital(오스피탈) 병원

　　¿Dónde esta el hospital?(돈데 에스따 엘 오스피탈) 병원이 어디 있나요?

farmacia(팔마씨아) 약국

　　¿Dónde esta la farmacia?(돈데 에스따 라 팔라씨아) 약국은 어디 있나요?

doctor/a(독또르/똑또라) 남자 의사/여자 의사

enfermera(엔페르메라) 간호사

　　Ayúdeme(아유데메) 도와주세요.

tos(또스) 기침

　　Tengo tos.(뗑고 또스) 기침이 난다.

cabeza(까베싸) 머리

　　Me duele la cabeza(메 두엘레 라 까베싸). 머리가 아파요.

　* Me duele~: ~가 아파요.

ambulancia(암불란씨아) 앰뷸런스

todo derecho(또도 데레초)
어서오세요, 멕시코 술집에

"영화에 보면 레몬으로 손등을 문지르고, 소금을 뿌려 혀로 핥은 후 술을 마시던데 그 술이 데킬라 아닌가?" 한국 손님들이 오면 항상 물어보는 멕시코 전통술 데킬라 이야기다. 그러곤 체험현장에라도 온 듯 데킬라 마시기에 열을 올린다.

바bar에 들어서자 직원들이 격하게 환영해준다. 한국 손님들이 돈이 된다는 것을 알고 있기 때문이다. 한국 사람들처럼 급하게 술을 마시는 사람들이 있을까? 언젠가부터 한국 손님들은 데킬라 폭탄주까지 마신다. "마르코, 오늘도 데킬라 한 병과 맥주 주면 되지?" 이젠 내가 주문하기도 전에 종업원이 알아서 한다. "아! 코로나(corona; 왕관)가 멕시코 맥주였구나." 왕관이라는 뜻을 가진 코로나는 멕시코 맥주다. 한국에서도 쉽게 볼 수 있지만 현지에서 아는 맥주가 나오니 더 반가운가 보다. 사실 독한 데킬라는 부드러운 맥주와 섞어서 마시는 것이 더 편하게 느껴지기도 한다.

"멕시코에 왔으니 멕시코 식으로 술잔을 비우겠습니다. 건배를 할 때는 먼저 술잔을 위로 올리면서 arriba(아리바; 위로), 아래로 내리면서 abajo(아바호; 아래쪽으로), 들이키면서 al centro y pa' dentro(알 센뜨로 이 파덴뜨로; 가운데로 안으로)를 외치며 마시는 겁니다. 그리고 멕시코에서 원샷은 todo derecho(또도 데레초), 잔을 부딪치면서는 salud(살룻; 건강)이라고 외치면 됩니다."

재미난 듯 모두들 건배사를 따라 한다. 현장에서 직접 체험하다 보니 금방 안다. 작은 것이라도 알아가는 기쁨을 아는 듯하다. 살다 보면 너무 힘들어 다 내려놓고 그만두고 싶을 때가 있다. 그럴 때마다 주위를 한번 둘러보자. 눈부시게 푸른 하늘을 보면 가슴이 화사해지고, 추운 겨울 따뜻한 차 한 잔의 기쁨만 알 수 있다면 찰나의 가슴은 얼마나 뛸까? 우린 살아가면서 너무 큰 기쁨만 바라는 건 아닐까?

오늘 손님들도 모두 똑같다. 왜 원샷을 하곤 머리 위에서 잔을 흔들까? 양주잔 때문에 딸그락거리는 소리가 마치 종을 울리는 듯 메아리친다. 종업원은 재미난 듯 미소 짓는다. 그런데 술잔을 비우기가 무섭게 채우고 또 비우는 모습에 깜짝 놀란다. 빨리 마시기 대회에 온 것처럼 급하다. 금세 데킬라 한 병이 비워졌다.

물론 멕시코 사람들도 술을 잘 마시고 바닥까지 마신다. 메즈칼 몬테알반이라는 술에는 구사노라는 애벌레가 들어있다. 마지막에 구사노를 먹는 사람은 행운이 깃들거나 정력이 좋아진다는 말이 돌면서, 메즈칼 몬테알반 술을 개봉하면 바닥까지 마신다. 하지만 한국인처럼 급하게 마시진 않기 때문에, 종업원들이 한국 사람들의 술 문화를 보며 놀라지 않을 수 없다.

"그런데 안주 좀 없나?" 딱히 안주 문화가 정착되지 않은 멕시코다. 데킬라를 마시며 안주 삼아 소금만 먹었으니 당연했다. 할 수 없이 스테이크를 몇 개 주문했다.

"찰리! 한잔하자."

¡Tomemos un trago!(또메모스 운 뜨라고)

멕시코 절친인 찰리는 '한잔하자'는 말에 정말 가볍게 한 잔만 하는 줄 알았다 한다. 하지만 그날 우리는 1차에서 fajita(파히따) 안주에 데킬라, 2차에선 맥주, 3차에선 칵테일로 마무리했다. 특히 찰리는 2차가 끝나고 나선 놀랐다고 한다. 2차 가기 전 "입가심으로 맥주 한잔하자"라고 이야기했기 때문이란다. 내 말처럼 입가심 정도로 생각했는데 2차에서 우리가 마시고 나온 맥주는 도

합 10병이었다.

　다음 날 내가 아무 일 없다는 듯이 나타나는 것을 보고는 더 놀랐다고 한다. 밤새 3차까지 마셨으니 비몽사몽 해야 하는데 멀쩡하게 나타나니 당연했다. 찰리는 일어날 때부터 머리도 아프고, 속도 쓰렸다고 한다. 난 술을 잘 마시는 편이 아니다. 밤새 술을 마신 것은 찰리가 좋았고, 멕시코 생활 동안 정 붙일 곳이 없었는데 친형처럼 잘 해주다 보니, 마음 편하게 마셨던 것 같다. 앞으론 "가볍게 한잔하자" 하지 말고 "진하게 한잔하자"로 바꾸라며 찰리는 웃으며 경고했다.

　그런데 왜 술 마실 땐 스페인어가 더 잘될까? 이해도 금방 되고, 말도 쉽게 나온다. 술을 통해 긴장이 풀려서 그런지 자세하게 이야기하지 않아도 알아들을 수 있고, 이해할 수 있다는 것이 신기했다. 스페인에서 태어난 현지인처럼 완벽하게 말할 순 없다. 완벽하진 않지만 서로 뜻이 통하는 그런 감정들을 느껴보는 것이 중요하다. 스페인어를 배우면 중남미, 스페인어권 여행 시 현지인과 함께하는 감정들을 느낄 수 있다. 가벼운 의사소통 수준의 스페인어를 목표로 달려보자.

나 혼자 스페인어 31일

스페인어권에서 볼 수 있는 표지판

No fumar(노 푸마르) 금연

PARE(빠레) or ALTO(알토) 정지(STOP)

ATENCION(아텐씨온) 주의, 집중

Servicio Al Cliente(쎄르비시오 알 끌리엔테) 고객 서비스

ENTRADA(엔뜨라다) 입구

SALIDA(살리다) 출구

Agua no Potable(아구아 노 포따블레) 식음 불가능

PARQUE(빠르께) 공원

PLAYA(쁠라야) 해변

quince años(낀세 아뇨스: 15살)
특별한 경험으로 남은 성인식

"마르코, padrino(빠드리노; 대부)가 되어줄 수 있니?"

지금도 회상하면 멕시코에 살면서 가장 미안하고 마음 아픈 일
이 하나 있다. 여행사를 운영할 때 14인승 봉고를 몰아주던 우고
Hugo 아저씨가 있었다. 긴 눈썹 때문에 더 선한 얼굴이었다. 큰형
처럼 편안한 미소를 건네며 정성스럽게 손님들을 모셔주었던 착
한 멕시코 사람이었다. 어느 날 아저씨가 나에게 빠드리노가 되어
주길 간청했다. 사실 나는 이 말이 무슨 뜻인지 몰랐다. 이때까지
성당을 다니지도 않았기 때문에 성당 관련 용어를 하나도 몰랐던
시기였다.

한참이 지나서야 빠드리노가 되어 달라는 말이 무슨 뜻인지 알
게 되었다. 중남미에선 소녀들이 15살이 되면 성인식을 치른다.
성대한 결혼식을 방불케 하는 행사다. 성인식을 치르기 위해서는
드레스, 화관, 케이크, 음식, 술, 행사장 대여를 위해 만만치 않
은 비용이 들어간다. 성인식 행사를 어떻게 치르느냐에 따라 부모
의 경제력을 판가름할 정도라니 부모로선 부담스러운 것이 사실
이다. 대부분의 부모들은 딸이 15살이 되기 전부터 이에 대한 스
트레스를 앓는다고 한다. 능력 있는 아버지의 조건은 혼자 경제적
부담을 하든, 아니면 친지나 친구들에게 경제적 지원을 약속받기
위해 수많은 빠드리노를 만드는 것이다. 각 빠드리노는 자신의 경
제적 능력에 맞게 화환을 준비하거나 케이크를 준비하는 등 경제
적 분담을 한다.

그런데 난 이런 역할을 하는 줄도 모르고 거절을 했으니 우고
아저씨가 얼마나 실망했을까? 멕시코에서 거주할 때는 성인식이
이렇게 중요한 행사라고는 상상도 못했다. 참 미안한 일이었다.
그런데 우고 아저씨는 제안을 거절한 나에게 한 번도 인상을 쓴다
든지 싫은 내색을 하지 않았다. 빠드리노는 거절했지만 초대를 받
아 행사장에는 참석할 수 있었다.

행사장은 여왕의 탄생이었다. 결혼식처럼 성인식 주인공이 음
악에 맞추어 등장하면 친지나 친구들이 왕관, 목걸이, 반지, 팔찌,

인형 등 15살이 된 것을 축하한다는 의미로 성인이 사용하는 모든 물건들을 선물했다. 그렇게 선물 증정식이 끝나면 성인식을 치른 딸과 비슷한 연령대의 청소년들이 주인공의 파트너가 되어 멋진 연미복을 입고 무도회를 시작한다. 이들을 chambelan(챰벨란; 시종)이라고 부른다. 춤이 끝나면 바로 경제적으로 도와준 수많은 빠드리노와 춤을 춘다.

빠드리노들과의 춤이 끝나고 마지막에 아빠와 딸이 춤을 추었다. 이때 아빠의 심정은 어떨까? 눈시울을 적실 정도로 감동적인 시간이다. 이 시간이 지나고 나면 밤새 댄스파티가 벌어진다. 멕시코에선 일찍 행사장을 떠나는 것보다 늦게까지 남아주는 것이 예의다. 바쁘다고 중간에 나올 경우에는 정중하게 양해를 구해야 한다. 소녀는 15살이 되면서 성인식의 여왕으로 등극한다. quince años(낀세 아뇨스, 15살)는 사회에서 공식적으로 성인이 되었음을 알리는 중요한 나이다.

"우고, 정말 미안했어!"

며칠 지난 후 화장품 선물과 함께 사과했다. 하지만 우고 아저씨 사람 좋은 얼굴로 괜찮다며 신경 쓰지 말라고 한다. 본인이 경제적으로 좀 어려워서 나한테 부탁을 한 건데 아무것도 모르는 내가 거절을 했으니 얼마나 실망했을까? 정말 미안했다. 빠드리노가 무슨 역할을 하는 건지, 왜 나를 빠드리노로 하려는 건지 한 번만 더 물어보았으면 이런 실수도 하지 않았을 것이다. 초창기에는 스페인어를 잘 모른다는 이유로 깊은 대화를 꺼렸던 내 잘못이 만들어 낸 결과물이였다.

언어뿐 아니라 모든 일상생활에서 모르는 것은 그냥 넘어가지 말고 한 번 더 곧 씹으며 그 말의 의미를 정확히 아는 것이 중요하다. 삶도 마찬가지다. 나 혼자 지레짐작으로 넘겨짚지 말자. 나 혼자 내 감정을 주입해 다른 이야기로 만들지 말자. 우린 상대방이 무슨 생각을 하는지, 무슨 말을 하는지 알 수가 없기 때문이다. 오늘은 내가 말할 순서를 기다리는 것이 아니라 그 사람의 한마디 한마디를 잘 경청하자. 자세한 의미를 알 수 없을 경우에는 그냥 넘어가지 말고 과감히 질문하자. 외국어 공부의 시작은 질문이다.

성인식에서 사용한 스페인어

quience(낀세) 15

año(아뇨) 년

    Feliz año nuevo!(펠리즈 아뇨 누에보) 기쁜 새해

salud(살룻) 건배, 건강

bailar(바일라르) 춤추다

    ¿Te gusta bailar conmigo?(떼 구스타 바일라르 꼰미고) 나와 춤추는

    것을 좋아합니까?

momento(모멘또) 잠깐, 단시간

    Un momento, por favor.(운 모멘또, 뽀르파보르) 잠깐 기다려주세요.

despacio(데스파씨오) 천천히

    Hable mas despacio.(아블레 마스 데스파씨오) 천천히 말씀해주세요.

hermoso(에르모소) 아름다운

    Es tan hermoso.(에스 딴 에르모소) 정말 아름답다.

aeropuerto(아에로뿌에르또: 공항)
공항에서 생긴 일

　칸쿤 공항은 이착륙하는 비행기 소리로 하루 종일 시끄럽다. llegada(예가다; 도착) 출구는 마중 나온 사람들로 항상 가득하다. 가족, 친지, 연인들의 개별 방문보다 단체 관광이 많아 손님을 찾는 피켓이 공항을 가득 메운다. 카리브해와 마야문명지를 품은 최고의 휴양지답게 공항은 항상 사람들로 북적인다. 아시아에서는 가장 먼저 일본인 관광객이 찾았으며, 요즘은 한국인 관광객들이 많이 찾는다.

　공항 직원이 초등학생으로 보이는 아이를 부모에게 인도한다. 아이들이 미국에서 칸쿤에 올 때 종종 볼 수 있는 장면이다. 아이 엄마는 오랫동안 아이를 안고 눈물을 흘린다. 감동적인 장면에 모든 이들의 시선이 집중된다.

한 다발의 꽃을 안고 마중 나온 남자는 40도를 육박하는 날씨에도 정장 차림이다. 아마도 연인이 칸쿤을 방문하는 듯하다. 연신 땀을 닦으며 긴장을 감추지 못한다. 아름다운 여인이 그를 보자 달려온다. 꽃다발을 받자 마자 진한 키스를 나눈다. 주위는 신경 쓰지 않는다. 마중 나온 모든 이들이 그들을 향해 휘파람을 불고 우레와 같은 박수를 보낸다. 그들은 답례라도 하듯 더 진한 키스를 나눈다. 남을 의식하지 않고 그들의 자유를 만끽하는 장면은 우리에게 쉬운 풍경은 아니다. 그들의 자유분방함에, 자신 있게 표현하는 사랑에 찬사를 보낸다.

갑자기 휘파람 소리가 들리고 고함과 함께 감탄이 터져 나온다. 아름답게 차려입은 섹시한 여자가 등장했다. 칸쿤 관광을 온 미국인이었다. 갖춰 입은 옷, 몸매가 환호성을 자아냈다. 휘파람 소리에 부끄러운 듯했지만, 이내 당당해하는 모습이 아름답다. 멕시코에선 섹시하고 아름다운 여자들이 나타나면 휘파람을 불곤 한다. 한국이라면 성희롱이 될 수도 있지만 멕시코에선 직설적으로 표현하는 편이다. 그녀들 역시 부끄러워하기보단 더 당당하고 자신감 있는 모습이다.

뒤이어 한국 손님들이 큰 캐리어를 끌고 나온다. 어떻게 알아봤느냐는 질문에 태극기를 들고 자신들을 맞이하는 건 처음이라고 한다. 태극기를 들고 나가면 손님들도 더 반가워하고, 나를 찾기 위해 다른 피켓을 볼 필요도 없다. 처음 맞이하는 서먹함도 쉽게 사라지게 만드는 장점이 있다.

누군가와 만날 때 가장 큰 신뢰를 주는 것은 동질감이다. 하지만 살아가면서 동질감 속에 살아남는 사람보다는 이질감 속에서 살아남는 사람이 강하다. 다른 환경, 다른 문화 속에서 강인하게 자랄 수 있다. 오늘날 많은 기업들은 이질감 속에서 살아남은 강한 사람을 원한다. 한국에서 영어는 누구나 할 수 있다. 경쟁도 심하다. 영어로는 나만의 뚜렷한 이질감을 만들 수 없다. 언어를 공부한다면 자생력을 가질 수 있는 언어로 시작하자. 스페인어는 이질감도 만들어주고 나만의 특별함도 더해준다. 편하게 살아가기엔 동질감이 좋지만 이질감처럼 변화를 추구하지 않기 때문에 더 이상의 발전도 없고 변화도 없다. 오늘만 편하게 지내는 것뿐이다.

"아니, 그런데 뭘 사람들이 이렇게 많아요? 입국 심사대 줄이 끝이 없어.", "카리브해를 가진 세계적 관광지라서 그렇습니다." 1970년까지만 해도 고기잡이배나 드나들던 칸쿤이 휴양지로 개발되면서 미국인들이 은퇴 후 가장 살고 싶은 도시, 세계적인 허니문 여행지가 되었다. 특히 봄 방학spring break이면 미국 학생들로 인산인해를 이룬다. 1년 연중 관광객들로 발길이 멈추지 않는 칸쿤은 한국인을 비롯한 세계인들이 찾는 최고의 관광 휴양지다.

칸쿤에선 마야문명지 치첸이싸도 구경할 수 있고, 카리브해에서 수십 가지의 해상 스포츠도 즐길 수 있다. 영어식으로 읽으면 캔쿤cancun, 스페인어식으로 읽으면 깐꾼cancun이 된다. 오늘도 내일도 공항에선 연인들의 눈물이, 섹시한 여인에게 보내는 휘파람 소리로 누군가를 찾는 사람들의 두리번거림이 이어질 것이다. 사람 사는 향기로 가득한 멋진 곳이 바로 칸쿤 공항이다.

기내와 공항에서 사용하는 스페인어

cerveza(쎄르베싸) 맥주

vino tinto(비노 띤또) 레드와인

vino blanco(비노 블랑꼬) 화이트와인

jugo de naranja(후고 데 나랑하) 오렌지 쥬스

¿Qué quiere beber?(께 끼에레 베베르) 무엇을 마시겠습니까?

¿Qué tiene para beber?(께 띠에네 빠라 베베르) 음료는 어떤 게 있나요?

Agua con hielo, por favor.(아구아 꼰 이엘로, 뽀르 파보르) 얼음물 주세요.

inmigración(인미그라씨온) 입국심사대

pasajero(빠사헤로) 승객

pasaporte(빠싸뽀르떼) 여권

turismo(뚜리스모) 여행

equipaje(에끼빠헤) 짐

maleta(말레따) 가방

casa de cambio(까사 데 깜비오) 환전소

salida(살리다) 출구

llegada(예가다) 도착

Su pasaporte, por favor.(수 빠싸뽀르떼, 뽀르 파보르) 여권 부탁합니다.

¿Puede abrir esta maleta?(뿌에데 아브리르 에스따 말레따) 가방을 열
어주시겠습니까?

¿Dónde está la casa de cambio?(돈데 에스따 라 까사 데 깜비오) 환전
소는 어디에 있습니까?

¿Dónde está la salida?(돈데 에스따 라 살리다) 출구는 어디에 있습니
까?

huracan(우라깐: 허리케인, 폭풍)
멕시코를 삼겨버린 허리케인

TV방송에선 공포 분위기를 조성하고 이웃들은 합판을 사와선 유리창을 막고 못을 박았다. '아니, 대체 어떤 허리케인이 오길래 이 난리야?' 이웃들에게 질문을 던질 때마다 모두들 단단히 준비하라는 말만 하곤 다들 자기 일에 바쁘다. 멕시코에 살면서 허리케인(태풍)이 온다 해도 바람이 강하게 불고 비가 심하게 오는 정도였으니 이번 허리케인도 그 정도일 것 같은데 왜 저렇게들 호들갑을 떠는지 모르겠다.

대형마트를 들렀다. 무슨 일인지 휴일도 아닌데 주차장에 주차할 곳이 없다. 몇 바퀴를 돌고선 겨우 주차를 했다. 마트에서 나와 주차장으로 오는 현지인들의 쇼핑카트가 터져 나갈 듯 한가득이다. 입구에는 쇼핑카트가 휑하니 비어 있다. 마트 안은 마치 전쟁이라도 난 듯 어수선하다. 다들 사재기라도 하듯 통조림, 빵 등 식료품이란 식료품은 죄다 카트에 올리기 바쁘다.

'무슨 전쟁이 난 것도 아닌데 왜 저렇게들 사재기를 하지?' 설마 했다. 그리고 우리 가족은 평소에도 먹는 양보다 많이 사놓기 때문에 집에 보관된 것만으로도 충분하다고 생각했다. '설마 허리케인이 온다 해도 오랜 시간 칸쿤에 머물 것도 아니고 뭘 그렇게 걱정을 해?' 달랑 식빵 한 줄과 물 몇 병만 집은 채 계산대로 이동했다. 진열대 물건은 거의 동이 났고, 줄을 선 현지인들의 쇼핑카트는 산더미였다.

조금 걱정되기 시작했다. 주변 환경에 이렇게 가슴이 콩닥이긴 처음이었다. 그러면서도 '괜찮을거야' 억지다짐을 했으니 안전 불감증이 만연했던 것 같다. 주차장엔 차들이 마치 피난지를 이동하는 것처럼 난리가 아니다. 콩닥이는 가슴만 안은 채 '설마 무슨 일 있겠어?'라는 마음으로 시동을 걸었다. 주차장에서 나오면서도 시선은 자꾸 그들의 물건으로만 향했다. 정신분석가 설리번이 "불안은 무의식적인 두려움이나 공포에 가깝다"라고 말한 것처럼 나는 어쩌면 그들의 행동에 의해 두려움, 공포를 느끼고 있는지도 몰랐다.

그런데 저녁을 먹고 난 후에도 허리케인은 미동이 없었다. 하지만 TV에서는 고요 속의 외침처럼 역대급 허리케인이 몰려올 테니 준비를 철저히 하라는 말만 반복했다. 역대급이라는 게 대체 어느 정도란 말인가? 나는 설마 하는 마음으로 고요한 저녁을 보내고 있었다. 허리케인이 오고 있기는 한 건지 의문이 들 정도로 고요함은 계속되었다.

폭풍 전야의 고요함이 사라지기 시작한 것은 오래지 않았다. 바람이 빌라 단지를 휩쓸기 시작했다. '씨~~익' 점점 바람이 강해지기 시작했고 굵은 빗방울이 조용한 거리를 때리기 시작했다. 거실 창문도 비바람에 둔탁해지기 시작했다. 우리 네 식구는 안방에서 작은방으로 이동해 옹기종기 체온을 나누고 있었다. 바람 소리가 찢어질 듯 귓전을 울리기 시작했고, 거센 빗방울이 거실 유리창을 한없이 때렸다.

깜빡 졸았다. 꿈을 꾸듯 '와장창' 소리가 귓전을 때렸다. 심장이 덜컥 내려앉으며 무언가 불길한 일이 발생한 것을 직감했다. 거실로 나가자 비바람이 몰아쳤다. 거실의 대형 유리창이 박살 나면서 굵은 빗방울이 거실 바닥을 적시고 있었다. 집 안 전체가 물바다가 될 듯했다. 달려드는 빗방울을 막을 방법은 안방 침대 매트리스밖에 없었다. 매트리스로 거친 바람과 빗방울을 막자 또다시 굉음이 날아든다. 이번에는 안방이었다. 안방 유리창도 박살이 났다. 안방에도 비바람이 불어치고 있었다. 이젠 신발장이었다. 그렇게 무겁던 신발장을 초인적 힘으로 옮겼다. 하지만 날아드는 빗방울이 거실바닥과 안방을 흥건히 적시고 있었다. 비로 쓸고 밀대로 밀었지만 중과부적이었다. 수건이란 수건을 모조리 들고 나와 막고 또 막았다. 작은방 유리창까지 깨진다면 도망갈 곳이 없었다.

아내는 떨고 있었다. 이런 혼돈 속에서도 아이들은 새근새근 자고 있었다. 그나마 다행이었다. 밤새 물을 퍼냈다. 잠시도 쉬질 못했다. 다행히 더 이상의 시련은 오지 않았다. 빗방울이 잦아들고 바람이 줄어들자 잠시 눈을 붙일 수 있었다. 밖이 시끄럽다. 아침이다. 같은 단지의 현지인들이 밤새 이어진 허리케인의 공포를 이야기하고 있었다. 수영장의 물은 이미 넘쳤고 차들은 반 이상이 물에 잠겨 있었다.

우리 집은 완전히 전쟁터였다. 거실에는 깨진 유리창과 물에 젖은 매트리스가, 안방에는 신발장이 흥건하게 젖었다. 울타리 밖은 더 심했다. 자동차 전시장의 벽면은 무너졌고, 가로등과 가로수들은 송두리째 뽑혀 있었다. 차들은 넘어진 가로수와 가로등을 피하며 지그재그를 그리고 있었다.

자연은 '설마'로 안이한 대처를 했던 나에게 매서운 교훈을 주고 떠나갔다. 허리케인의 수마를 극복하는 데 집은 일주일, 칸쿤 도시는 6개월이 걸렸다. 허리케인의 수마는 '내가 다 안다, 내가 더 잘 안다', '아무 일도 일어나지 않을 거야'라며 살아왔던 나를 겸손하게 만들었고 '설마'가 '설마'로 머물지 않는다는 것도 알게 해주었다. 살다 보니 불안한 일은 한꺼번에 몰려오고, 좋은 일도 한꺼번에 몰려온다. 불안했던 일이 물러가자 허리케인 동안 오지 못한 손님들이 한꺼번에 몰려왔다. 호텔을 예약하느라, 일하느라, 돈 버느라 정신이 없었다. 허리케인은 더 준비하며 겸손하게 살라는 메시지를 남겨주었다.

'스페인어를 배운다고 설마', '설마 내 실력에?'의 설마와 '설마 차곡차곡 배우고 나면 뭐라도 남지 않을까?', '설마 안 되겠어?'의 설마 중 우리는 어떤 설마를 더 되뇌며 살고 있을까? '설마 내가 취직이 되겠어?'보다는 '설마 취직이 안 되겠어?'란 이중 부정으로 더 강한 긍정의 설마로 살아보는 건 어떨까?

날씨 관련 스페인어

el sol(엘 쏠) 해

el huracan(엘 우라깐) 허리케인

el viento(엘 비엔또) 바람

la sombra(라 쏨브라) 그늘

la nube(라 누베) 구름

la lluvia(라 유비아) 비

la nieve(라 니에베) 눈

hacer(아쎄르) ～하다, ～만들다

* 날씨를 표현할 때는 hacer 동사를 사용한다.

¿Que tiempo hace hoy?(께 티엠포 아쎄 오이) 오늘 날씨가 어떻습니까?

Hace buen tiempo.(아쎄 부엔 띠엠포) 오늘 날씨가 좋습니다.

Hace calor.(아쎄 칼로르) 날씨가 덥습니다.

Hace frio.(아쎄 프리오) 날씨가 춥습니다.

* '내가' 덥거나 추울 때 tener 동사의 1인칭 변형 tengo를 사용한다. 따라서 날
  씨가 추울 때는 "Hace frio", 내가 추울 때는 "Tengo frio"로 표현한다.

Tengo calor.(뗑고 칼로르) (내가) 덥습니다.

Tengo frio.(뗑고 프리오) (내가) 춥습니다.

Llueve(유에베) 비가 옵니다.

mañana(마냐나; 내일)
변호사님, 내일이 오긴 오나요?

"비자 갱신 다 된 거야?"

"내일 아침 10시에 사무실로 와."

Ven a la oficina a las 10 mañana por la mañana.(벤 아 라 오피시
나 아 라스 디에스 마냐나 뽀르 라 마냐나)

    멕시코 사람들은 항상 씩씩하다. 특히 비자 업무를 맡은 담당
변호사는 더 활달하고 믿음직스럽다. 한국에서는 사법시험을 봐
야 하고 연수원 과정을 거쳐야 할 수 있다는 변호사다. 과정도 어
렵겠지만 그들의 학식이나 고객에 대한 신뢰는 당연히 최고다.

    멕시코도 마찬가지다. 멕시코에서는 이민생활을 꾸려 나가려면

거주비자를 발급받아야 한다. 5년까지는 FM3(거주비자)을, 1년마다 연장을 해야 살아가는 데 법적 문제가 없다. 본인이 운영하는 사업체에서 정확한 세금 신고를 했나 안 했나가 비자 연장의 가장 큰 관건이다. 그런데 이민국의 비자 재발급이 여간 까다롭고 번거로운 것이 아니다. 그래서 대부분 대행료를 지불하고 변호사들에게 비자 업무를 대행한다. 3년 동안 개인적으로 비자를 발급받다 처음으로 변호사에게 대행 업무를 맡겼다. 이민국에 가서 무시당하지 않고, 왔다 갔다 하면서 시간 낭비하지 않으니 살 것 같았다. 물론 대행료가 비싸 안타깝긴 했지만 말이다.

그렇게 오매불망하던 비자가 재발급되었다는 연락을 받았다. 다음 날 비자를 받는다는 설렘으로 약속 시간 10분 전에 변호사 사무실에 도착했다. 여직원은 변호사가 출근 전이니 커피 한잔하며 기다리라고 한다. 그때까지만 해도 나는 여유가 있었다. 3주를 기다린 비자인데 몇십 분 늦는 것 정도야 뭐. 30분이 지났다. 다시 50분이 지났다. 변호사는 오지 않았다. 여직원은 '오늘 출근이 늦네'라는 표정만 짓는다.

난 전화를 걸었다. "마르코! 미안, 지금 중요한 손님을 만나고 있는데 오늘 좀 늦을 것 같으니 mañana(마냐나; 내일) 10시에 오면 안 될까?" 화가 났지만 이미 3주를 기다리기도 했고, 급한 일로 중요 고객을 만나고 있는데 이해하기로 했다. 갱신 비자를 받게 되면 1년 동안 불편 없이 살 수 있다. 얼마나 기쁜 일인가! 마음을 다스리며 집으로 돌아왔다.

다음 날 어제와 다름없이 9시 50분에 도착했다. 오늘도 여직원은 곧 변호사가 출근할 테니 커피 한잔하며 기다리라고 한다. 그런데 오늘도 10분이 지나고 30분, 40분이 지나도 변호사는 나타나지 않았다. 난 머리끝까지 올라오는 화를 누르며 정말 정중하게 전화를 건넸다. 그런데 오늘도 같은 소리다. "마르코, 정말 미안하다. 오늘 변호사협회 회의가 있는데 깜빡했어. 내일 보자. 정말 미안, 미안." 2번의 미안하단 소리와 함께 전화기 속으로 뚜~우~뚜 소리가 났다. 울화통이 올라왔지만 비자가 필요한 사람은 나니까 어쩔 수 없었다. 화가 났다. 비자를 받기 위해 이틀 오전을 날렸으니 말이다.

그런데 밤새 생각해봐도 이해가 되질 않았다. 어떻게 이틀 동안 약속을 어길 수가 있지? 그것도 난 고객인데. 날 무시하나? 오만 가지 생각이 들었다. 화가 치밀어 올랐다. 다음 날 같은 시간에 사무실로 갔다. 다행히도 이번엔 변호사가 반갑게 맞이해주었다. 하지만 너무 화가 났다. "변호사란 사람이 어떻게 이틀이나 고객과의 약속을 어길 수 있어?" 보자마자 언성을 높였다. 그런데 화난 내 말을 듣고 아무 일도 아니란 듯 대답하는 변호사에게 더 화가 났다.

"마르코, 이미 지나간 일에 뭘 그렇게 화를 내? 오늘 만나면 됐지. 지나간 일은 모두 잊어버려. 괜히 건강에만 안 좋다고."

변호사는 지나간 일을 가슴에 담지 말라고 한다. 어떻게 지나간 일을 그렇게 쉽게 잊어버릴 수 있단 말인가? 멕시코에 살면서 단련된 일 중 하나는 조급히 굴지 않고, 천천히, 편하게 생각하는 것이다. 멕시코 사람들은 지나간 나쁜 일을 기억하지 말라고 한다. 좋은 일만 생각하라고 한다. 그래서 멕시코 사람들이 낙천적일 수 있을까? 과거의 잘못과 상처를 계속 되짚어보며 화를 돋우고, 좌절감을 더해 가면 부정적인 사람이 될 수밖에 없다. 좌절감이 쌓이게 되면 결국 불행해질 수밖에 없다.

우린 멕시코인들처럼 현재를 사는가? 아니면 힘든 과거를 되짚으며 사는가? 비자를 받은 기쁨이 넘쳐나야 하는데 돌아오는 내내 마음이 씁쓸하다. "잘 싸우는 자는 화내지 않고, 잘 이기는 자는 잘 싸우지 않는다"란 노자의 말이 생각나는 하루다.

나 혼자 스페인어 35일

숫자와 시간, 요일과 방향

① 숫자

0 cero(쎄로)	10 diez(디에쓰)	20 veinte(베인떼)
1 uno(우노)	11 once(온세)	21 veintiuno(베인띠우노)
2 dos(도쓰)	12 doce(도세)	22 veintidos(베인띠도쓰)
3 tres(뜨레쓰)	13 trece(뜨레세)	30 treinta(뜨레인따)
4 cuatro(꾸아뜨로)	14 catorce(까또르세)	40 quarenta(꾸아렌따)
5 cinco(씽꼬)	15 quince(낀세)	50 cincuenta(씽꾸엔따)
6 seis(쎄이쓰)	16 dieciseis(디에시쎄이쓰)	60 sesenta(쎄쎈따)
7 siete(씨에떼)	17 diecisiete(디에시씨에떼)	70 setenta(쎄뗀따)
8 ocho(오초)	18 dieciocho(디에시오초)	80 ochenta(오첸따)
9 nueve(누에베)	19 diecinueve(디에시누에베)	90 noventa(도벤따)

② 시간

ayer(아예르) 어제	hoy(오이) 오늘	mañana(마냐나) 내일

* **hoy**에서 **h**는 무성음

이럴 때 이런 스페인어 ——————

③ 요일

lunes(루네쓰) 월요일	martes(마르떼스) 화요일	miércoles(미에르꼴레스) 수요일
jueves(후에베쓰) 목요일	viernes(비에르네쓰) 금요일	sábado(싸바도) 토요일
domingo(도밍고) 일요일		

¿Que dia es hoy?(께 디아 에스 오이) 오늘은 무슨 요일입니까?

Hoy es martes.(오이 에스 마르떼스) 오늘은 화요일입니다.

④ 방향

a la derecha(아 라 데레차) 오른쪽에

a al izquierda(아 라 이쓰끼에르다) 왼쪽에

cerca(쎄르까) 가까이   lejos(레호스) 멀리

apartador(아빠르따도르; 나누는, 분리하는)
멕시코 가게에서 일어난 일

크리스마스 시즌이 다가온다. 인구의 90% 이상이 가톨릭 신자인 멕시코에서 크리스마스는 1년 중 가장 중요하고 의미 있는 날이다. 하지만 칸쿤의 기온은 28도를 왔다 갔다 한다. 한여름의 크리스마스다. 운영하는 가게도 성수기다. 멕시코 사람들은 가족과 지인들에게 줄 크고 작은 크리스마스 선물을 준비한다. 가게들은 손님들로 북적이고 매출이 가장 많을 때다.

28도의 날씨에 팔릴까? 하는 의구심과 함께 비닐 추리닝을 전시했다. 헬스장 등에서 운동 시 땀을 내는 용도로 쓰이는 옷이었다. 그런데 반응이 좋았다. 멕시코인들의 소득에 비해 만만치 않은 가격인데도 매출은 점점 늘었다. 재고가 부족해 급하게 물건을 받을 정도였다. 입소문을 탄 비닐 추리닝을 사기 위해 더 많은 손님들이 찾았다.

그러던 어느날 고객 한 명이 부탁을 했다. "제가 이 제품이 너무 마음에 드는데 지금 돈이 부족하네요. 혹시 apartador(아빠르따도르; 나누는 분리하는)가 가능한가요?" 물건의 질이 너무 좋아 다른 이에게 팔릴 듯하니, 선납금을 내고 찜하겠다는 것이었다. 아빠르따도르apartador를 요구하면 물건값의 일부만 받고 고객명을 적어 창고에 보관하는 시스템으로 이미 여러 가게에서 시행 중이었다. 난 흔쾌히 찬성했다.

그런데 이게 사달이었다. 한 번 응하고 나니 고객의 친구, 그 친구의 친구들도 아빠르따도르를 요구했다. 어느 누구는 그렇게 하고 어느 누구는 안 할 수가 없어 다 응했지만, 창고는 고객명이 적힌 옷들로 가득했고 가게는 오히려 어려워졌다. 결국 물건 찾아가는 기간을 정해 모든 것을 정리하고 시스템을 없애버렸다. 고객에게 편의를 주었지만 나만 힘들어지는 시스템이었다. 흔쾌히 응한 일들이 가장 어려운 문제가 될 때가 있다.

사고가 날 때가 있다. 3~4명의 학생들이 가게에 들이닥치면 사고가 일어날 확률은 더 높아진다. 물건 도난 사건이다. 이때까지만 해도 가게에 CCTV가 없을 때니 더 심했다. 학생들은 꼭 나와 종업원에게 한 명씩 붙어 물건 가격을 물어보고, 물건의 특징을 물어보며 시선을 집중시킨다. 그러는 사이 다른 1~2명이 물건을 도난해서 슬그머니 빠져나간다. 학생들이 다 빠져나가고 가게를 둘러보면 그때야 물건이 없어졌다는 걸 알게 된다. 그럴 때마다 큰 물건도 아니고 조그만 물건이니 기부했다 생각하자며 체념하곤 했다.

그날은 아무 일도 일어나지 않아야 하는 그런 날이었다. 1명이 들어왔기 때문이다. 그런데 어떻게 이런 일이 일어났을까? 비닐 추리닝이 흐트러져 있었다. 직감적으로 물건을 훔쳐간 것임을 알았다. 뛰었다. 내 앞에도 뛰고 있다. 서로 다른 목적이다. 잡기 위해서, 잡히지 않기 위해서 달리고 있었다. 간발의 차이로 잡았다. 물건을 옷걸이 째로 말아서 가지고 있었다. 어떻게 훔쳐 갔을까? 나는 그냥 물건만 돌려받고 싶었다. 아무 일도 일어나질 않길 바랐다.

하지만 순찰 중이던 차가 우리를 발견하고 내렸다. 아무 일 아니라고 했지만 경찰은 현지인에게 수갑을 채웠다. 물건만 찾기를 바랐는데 일이 커져버렸다. 경찰은 그를 차에 태우며 무지막지하게 폭행했다. 그러곤 쏜살같이 가버렸다. 마음이 아팠다. 이렇게까지 하고 싶진 않았는데 말이다.

가끔은 내 의도와 상관없이 더 좋게, 더 나쁘게 일이 진행될 때가 있다. 돌아오는 내내 마음이 불편했다. 도둑이 경찰차에 타며 나를 바라보던 눈빛이 가슴에 박혀버렸다. 가게에 돌아와서도 계속해서 마음이 좋지 않았다. 그렇게 그날의 기억이 점점 잊혀져 가던 어느 날, 가게 문이 열리면서 그 사람이 나타났다. 아무 말이 없다. 가게 물건만 천천히 둘러본다. 내 심장은 요동을 친다. 초췌해진 모습이었다. 사고 후 30여 일이 지났다. 구치소에 갔다 왔을까? 벌금을 물었을까? 많은 생각이 주마등처럼 지나간다.

그는 20여 분 동안 아무 말 없이 가게만 둘러보다 그냥 갔다. 온몸에 식은땀은 쏟아지고, 쿵쾅거리는 가슴은 난리도 아니었다. 운 좋게도 그날 이후 그는 한 번도 우리 가게를 찾아오지 않았다. 총기 소지가 허용되는 멕시코에서 험악한 일을 당하지 않고 마무리되어서 감사할 뿐이었다.

그런데 당시 나는 무슨 마음으로 전력을 다해 도둑을 잡았을까? 내 인생에 가장 큰 고통의 시간이 올 수도 있었는데 말이다. 우연이 우연을 만들어 의도와는 전혀 무관한 결과를 불러오는 세상에서 그날의 선택을 곱씹어보게 된다.

가게에서 사용하는 스페인어

caro(까로) 비싸다

   Es muy caro.(에스 무이 까로) 많이 비싸요.

barato(바라또) 싸다

   Mas barato, por favor.(마스 바라또, 뽀르 파보르) 싸게 주세요.

envolver(엔볼베르) 포장하다

   Envuelva, por favor.(엔부엘바, 뽀르 파보르) 포장해주세요.

recibo(레씨보) 영수증

   Recibo, por favor.(레씨보 뽀르 파보르) 영수증 주세요.

probar(쁘로바르) 시도해보다, 먹어보다, 테스트해보다

   ¿Puedo probarmelo?(뿌에도 프로바르메로) 입어봐도 될까요?

algo(알고) 어떤 것, 얼마간

   ¿Algo mas?(알고 마스) 더 필요한 게 있나요?

nada(나다) 없음

   Nada mas.(나다 마스) 없습니다.

CHAPTER 4

스페인어
제대로 공부해볼까?

언어는 반드시 읽고 쓸 줄 알아야 한다

언어는 말로 익혀도 되지만 무엇보다 읽고 쓸 줄 알아야 한다. 읽고 쓸 줄 아는 것이 중요하다는 것을 우리 아이를 통해서 알게 되었다. 석현이는 멕시코 칸쿤에서 태어난 첫 번째 아이다. 태어나자마자 멕시코 의사로부터 스페인어를 들었으니 스페인어는 가장 쉬운 언어였을 것이다. 우리가 한국어를 자유자재로 사용하듯이 말이다.

아이는 멕시코에 사는 동안 원어민 수준의 스페인어를 구사했다. 당연하면서도 신기했다. 반면 한국어는 외국인이 배워서 하는 것처럼 한참을 생각하며 한 단어, 한 단어 말했다. 우리가 다른 언어를 말할 때 단어나 문법 등을 생각하며 더듬는 것과 같았다. 스페인어를 할 때는 스트레스도 받지 않았다. 하지만 한국어로 표현할 땐, 인상을 쓰며 제일 먼저 내뱉는 말이 "석현이가~"였다. '석현이가'란 말을 내뱉어 시간을 벌고, 다음 말을 생각했다.

아이의 언어는 짐보리를 떠나 유치원을 다니면서부터 빠르게 늘었다. 한국으로 돌아오기 전까지 유창하게 스페인어를 구사했다. 단, 집에서 한국말 하는 것을 극도로 싫어했다. 멕시코는 한국처럼 조기 교육 열풍이 없다. 그래서 글을 깨우쳐 읽고 쓰며 자유자재로 구사하게 할 생각을 하지 못했다. 다시 한국으로 역이민한다는 계획도 없었기 때문에 아들의 스페인어를 위해 많은 노력도 하지 않았다.

그런데 읽을 줄만 알고 쓸 줄을 몰랐던 석현이에게 문제가 생겼다. 스페인어를 사용하지 않는 한국 환경도 한몫했지만, 그렇게 유창하던 스페인어를 돌아온 지 1년 만에 완전히 잊어버린 것이다. 15살이 된 지금은 인사말조차 기억하지 못한다. 언어가 이렇게 무섭다. 무엇보다 애써 해볼 생각을 하지 않으면 금방 잊어버리는 것이 언어인 것 같다. 언어는 듣기, 읽기, 쓰기, 말하기가 골고루 성장해야 완성되는 것 같다.

"어디 출신입니까?"

¿De dónde eres?

베트남 여행에서 콜롬비아 출신 학생들을 만났다. 난 스페인어만 들리면 다가가서 이야기를 건넨다. 멕시코에서 살았던 반가움도 있지만, 영어보다 훨씬 자신감 있기 때문에 호기심과 함께 귀가 솔깃해진다. 아들은 뭔가 이야기를 하고 싶은데 할 수 없으니 답답해한다. 콜롬비아 학생들과 멕시코, 베트남 음식에 대한 이야기를 하며 하롱베이 투어 내내 함께 했다. 멕시코 태생인 석현이가 귀여운지 사진도 찍으며 막냇동생처럼 살뜰히 챙긴다.

투어가 끝난 뒤 우리는 단체 사진을 찍고 좋은 여행을 기원하며 기분 좋게 헤어졌다. 그런데 석현이가 우울해했다. "왜 그래?" 멕시코 사람인데도 스페인어를 한마디도 할 줄 모른다는 게 속상하단다. "아냐, 석현아. 석현이가 아빠보다 스페인어를 더 잘했어. 머리에 잘 저장되어 있으니 금방 잘할 수 있어!"라며 위로했지만 아이는 하루 종일 우울해 보였다.

우리 부부도 문제였다. 한국으로 돌아온 석현에게 강제로라도 스페인어를 하게 했다면 지금처럼 잊어버리진 않았을 텐데 말이다. "밖에 나가면 다른 애들이 다 한국어 하는데 제가 왜 스페인어를 해야 해요?"라며 스스로 입을 닫았던 것도 큰 이유였다. 밖이 아니면 집에서라도 스페인어를 사용해야 했다.

스페인어를 알고 난 후 스페인어 간판이 나와도 관심을 가지고, 스페인어 방송에도 흥미를 가지며, 읽고 쓰는 연습을 놓지 않는다면 잊어버릴 언어는 아니다. 좋아서 스페인어를 배우면 억지로 관심을 가질 필요도 없다. TV에서 스페인어만 들려도 폭발적인 관심이 생길 것이기 때문이다. 15살 된 석현에게 오늘도 난 "Hola"라고 인사한다. 하나씩 들려주다 보면 머릿속에 입력된 스페인어가 하나씩 되살아나지 않을까?

피아노를 배우고 나선 손열음처럼 피아노가 완벽하지 않아도 피아노를 칠 줄 안다고 이야기하고, 축구교실에서 축구를 배우고 나선 손흥민처럼 완벽하게 축구를 못 해도 축구할 줄 안다고 이야기한다. 하지만 언어만큼은 소심해진다. 영어, 스페인어를 배우고 원어민처럼 완벽하지 못해도 영어, 스페인어를 할 줄 안다는 자신감을 가져보자. 스페인어는 습관화가 중요하다. 오늘부터 스페인어 음악, 방송, 간판들을 더 즐겨 듣고, 보는 습관을 만들어보자.

스페인어책 한 권
제대로 외워봤니?

타인이 아닌 자신이 리더가 되어 자신의 비전과 목표를 이루기 위해 자신을 통제하며 행동하고 생각하는 것을 셀프리더십이라고 한다. 매일 보던 풍경도 여행을 통해서 볼 때 달라 보이듯이 스페인어 공부를 할 때도 막연히 하겠다는 것보다는 구체적 목표를 정하게 되면 더 집중해 좋은 결과를 얻을 수 있다. 만즈(Manz, 1998)는 셀프리더십이 개인의 행동과 생각에 미치는 영향들을 전략적으로 접근했다. 행동하는 이유와 목적을 스스로 인식하며 자신을 변화시켜 효과를 높이는 것을 '자기변화전략'이라고 한다. 자기변화전략에는 자기관찰, 자기목표설정, 단서관리, 자기보상, 실습, 자기처벌 등이 있다. (『리더십 리뷰』 백기복 지음, 162쪽)

자기관찰은 자신의 성격과 능력을 파악하는 것으로 '나는 누구인가?', '무엇이 되어야 하는가?', '어떻게 잘할 것인가?'에 대한 끊임없는 질문을 던지는 것이다. '스페인어를 공부하며 진정으로 하고 싶은 것은 무엇인가?', '나의 현재 영어실력은 어떤가?' 등 끊임없는 자기 관찰시간을 가져보자. 자기목표설정은 목표가 뚜렷해야 긍정적 에너지를 더 발산할 수 있으며 목표를 이룰 수 있다. 단기 목표를 이루면 장기 목표인 비전까지 이룰 수 있다. '스페인어를 공부하기 위해서 책 한 권을 외우겠다', '책 한 권을 선정하고 매일 목표치 달성을 위해 노력하겠다', '스페인어를 배워 스페인 여행을 가겠다', '스페인어를 배워 취업 스펙을 높이겠다' 등 단기·장기 목표를 설정한다. 단서관리란 문제를 해결하기 위한 시초 정도로 보면 된다.

나는 영어책 한 권 외우기에 도전할 때 아침 출근시간을 이용했다. 그냥 차 안에서 무료하게 신호등만 보고 이동하기보다는 한 문장, 한 문장을 외우며 1차로 퇴근한 후에는 다시 리뷰하는 식이었다. 즉, 단서관리란 목표를 달성하기 위해 어떤 방법으로 접근할 것인지에 대한 실마리로 보면 된다. 자기보상은 목표를 향해 잘 실천하는 자신에게 긍정적 보상을 하는 것으로 물질적·정신적 보상을 할 수 있다. 자기목표에 대한 중간 점검을 거쳐 실천이 잘 되고 있다면 가끔 근처 스페인 또는 중남미 사람들이 운영하는 식당을 방문해 맛난 음식도 먹으며 대화하는 등 동기부여를 얻는 자기보상이 가능하다.

실습을 혼자서하는 것은 가끔 좌절을 안길 수도 있다. 나 같은 경우 영어책 한 권을 외울 때 똑같은 책을 아들에게 사주고 경쟁하며 같이 외웠다. 주위에 아는 사람과 같이 한다면 시너지 효과가 있어 더 의욕적으로 실천할 수 있다.

마지막으로 자기처벌이다. 사람들은 목표를 향해 가더라도 실천을 하지 못하고 미루다 결국 포기하는 경우가 많다. 매일 실천하고자 하는 작은 목표가 이루어지지 않으면 결국 미루던 한 페이지 한 페이지가 많아져 포기하게 된다. 시간에 자신이 정한 목표가 실천되지 않으면 꼭 그날이 넘어가기 전에 실천하는 자기처벌을 해야 한다. 그러지 않으면 결국 작심삼일의 마음으로 곧 포기하게 되며 결국 자신의 큰 비전을 이루지 못한다.

"처음에는 우리가 습관을 만들지만, 그다음에는 습관이 우리를 만든다"란 존 드라이든의 명언처럼 어쩌면 습관은 운명의 큰 뿌리일지도 모른다. 지금까지 실천한 스페인어를 나의 것으로 만들기 위해 책 한 권을 설정하고 목표를 정해 독파할 수 있다면 당신은 운명의 큰 뿌리를 만들어 갈 수 있다. 다음은 내가 실천했던 '영어책 외우기' 방법이다. 이 표를 참조해 자신만의 스페인어 공부 전략을 만들어보자.

셀프리더십 자기변화실천 평가 피드백

주제	영어회화 100일의 기적 외우기			
성공 지표	매일 1페이지 외우기	원초 수준	목표 수준	달성 수준
		가끔 외우기	매일 1P 외우기	주5일 실천
기간	2018년 10월 8일~2018년 12월 8일	달성률		
추진 전략				
행동 강화 전략	• 목표설정: 매일 1페이지씩 외우기 • 단서관리: 매일 출근 시 차에서 1차 외우기, 퇴근 시 리뷰 및 다시 외우기 • 자기관찰: 외국 여행 시 항상 부족하게 생각했던 외국인과의 대화를 보완하기 위해 영어책 한 권 외우기 도전 • 자기보상: 일주일 2회 필리핀 현지인과의 화상영어로 자신감과 정신적 에너지 충전 • 자기처벌: 출퇴근 시 실천에 실패하면 퇴근 후 집에서 외우기 재도전			
건설적 사고 전략	• 신념관리: 확고한 신념 속에 과감한 실천을 하라. 매일 꾸준히 외우기를 실천하며 노력하라. • 상상적 경험: 연예인이 대사를 외워 본인의 것으로 소화하듯 영어책 한 권을 완전히 숙지하면 화상영어에서도 네이티브처럼 할 수 있다. • 자신과의 대화: 나는 항상 무엇이든 최선을 다하는 나를 사랑한다.			
잘한점	• 음악 등을 들으며 느긋하게 출근하고 싶었지만 항상 영어책과 함께하며 알찬 시간을 보냈다. • 실천한 하루가 마무리되면 열심히 산 나에게 용기와 격려를 주었다.			
개선점	• 출장이나 외근을 갈 경우 실천을 하지 못했다.			
새로운 도전 목표	• 『영어책 한 권 외워봤니?』 저자의 딱 한 권만 넘으면 영어 울렁증이 사라진다는 말처럼 내년 3월까지 마무리하고 5월에 한 번 더 반복하겠다.			

더도 말고 덜도 말고
딱 3페이지씩만 외워보자

스페인어에 관심 있는 회원들을 모집했다. 처음에는 13명이 시작했다. 하지만 1년이 지나자 8명, 이젠 4명만 배우고 있다. 물론 4명도 중간에 많은 고비가 있었다. 스페인어가 나이 50이 넘은 중년 여성에게 얼마나 도움을 줄까? 그 회원은 자신이 취업할 것도 아닌데 그만두겠다며 수차례 포기를 시도했다. 하지만 이 고비를 넘기면서 이제는 스페인어를 즐기는 수준이 되었다.

STEP 1 | 스페인어책 고르기

서점에서 수많은 스페인어책을 보며 분량이 적어 가볍게 접근할 수 있는 책 한 권을 골랐다. 『필요할 때 통하는 여행 스페인어』

였다. 이 책은 단원마다 QR코드에 현지인의 음성이 저장되어 있다. 차를 타고 이동하며, 커피숍에서 친구를 기다리며, 집에서 집안일을 하며 어디서든 쉽게 들을 수 있다. 우리는 일주일에 3페이지씩을 외운다는 목표 아래 4달 과정에 돌입했다. 4달만 지나면 책 한 권을 다 외울 수 있다. 외울 책의 페이지 수는 56쪽이기 때문에 정확히 18주가 걸린다.

한 번 외울 때는 정말 힘들고 어려웠지만, 두 번째는 쉽게 정리 할 수 있었다. 그리고 한 번 외우고 나니 어떤 패턴이 나오는지를 알게 되었다. 예를 들어 ¿Donde esta~?(~어디에 있니) ¿tiene~?(~가지고 있니), Hay~?(~있니), quiero~(~원한다), puedo~(~할 수 있다) 등 큰 패턴에서 '~'의 단어만 교체하면 어떤 문장도 만들 수 있음을 알게 되었다. ¿Donde esta~(el bano/el hotel/la salida; 화장실/호텔/출구)처럼 말이다. 이렇게 정리를 하니 두 번째 외울 때는 2달 만에 끝낼 수 있었다. 통으로 완전히 외우고 나니 스페인어에 대한 자신감도 생겨 수업시간이 더 기다려졌다고 한다. 외운 것은 QR코드를 듣고 다시 복습하며 정리할 수 있었고, 차를 타고 이동하면서 습관처럼 듣는 연습을 즐길 수 있었다.

한 권의 책을 선정해 4달만 투자하자. 스페인어는 가장 빨리, 행복하게 다가올 것이다.

언어는 말로 옮기지 않고 속으로 응얼거리면 다 잊어버린다. 밴드를 통해 올리며 계속 읽어야 한다. 읽는 연습을 해도 모르는 단어가 나오면, 읽는 것이 자연스럽지 않다. 세계적인 언어학자 스티븐 크라센은 『크라센의 읽기 혁명』에서 읽기는 언어를 배우는 최상의 방법이 아니라 유일한 방법이라고 말했다.

소리 내어 읽으면 더 많이 읽는다고도 한다. 스페인어도 매일 독서하듯 큰 소리로 읽고 녹음해 밴드에 올린다면 더 집중할 수 있다. 단, 긴장하면 언어학습을 담당하는 뇌가 작동하지 않는다고 한다. 밴드에 녹음할 때는 긴장하지 말고 편하게 하자. 밴드는 스페인어를 같이 공부하는 사람들끼리 만들면 시너지 효과도 있어 좋다. 같이 만들 친구가 없으면 1인 스페인어 밴드라도 만들자. 녹음해 올리며 발음과 악센트 등을 듣는다면 더 빠르게 언어습득을 할 수 있다.

나와 함께 하는 회원들은 매일 밴드에 녹음 파일을 올린다. 올려진 녹음은 돌아가며 댓글도 달고, 칭찬과 용기도 주며 서로 격려한다. 밴드에 녹음파일을 올린 주와 올리지 않은 주는 수업이 확실히 다르다. 과제를 주지 않고 수업을 진행하면 읽는 것도 어색하다. 언어는 읽기 연습이다. 스페인어를 말할 때는 속으로 읽지 말고, 크게 소리 내어 읽자. 소리 내어 읽으면 집중도, 내용 이해도도 높아진다.

STEP 3 일주일 후 모여서 스페인어 연습하기

인간의 기억력은 꾸준한 반복을 통해서 상승된다. 외워도 20분만 지나면 기억의 30%는 잊어버린다고 한다. 그래서 나는 일주일에 3페이지만 외우기를 권장한다. 매일 1페이지씩 외울 땐, 다음 날 새로운 페이지를 외워야 하기 때문에 기억력의 한계를 느낀다. 그러나 일주일 동안 2일에 1페이지를 외우면, 매일 외워야 한다는 스트레스를 줄일 수 있다. 매일 1페이지씩 3일 동안 외우고 다시 남은 4일 동안 반복해도 된다.

그렇게 외운 후 일주일이 지나면 반드시 다시 한 번 기억을 더 듬어야 한다. 그러면 더 오랜 시간 기억에 남는다. 책을 4달에 1번 외우고, 2달 만에 2번 외우고 나면 더 오랜 시간 기억에 남을 것이다. 일주일 후, 일을 하면서, 화장실에 가면서도 외운 것을 되짚어 보아야 한다. 3페이지를 되짚어 보는 시간은 10분이면 족하다. 일주일에 한 번, 10분만 투자한다면 더 오래 기억할 수 있다.

회원들과는 수업 진행 전 외운 3페이지에 대해 일대일 대화를 하며 기억을 상기시켰다. 복습 시간을 가질 때와 가지지 않을 때의 기억력은 현격한 차이가 있었다. 1번 외우는 4달 동안 집중하고 정성을 쏟는다면 스페인어는 가장 재미난 언어가 될 것이다. 외우고 내 것으로 만들자. 방송에 나오는 스페인 관련 프로그램 보는 재미도 쏠쏠해질 것이다.

외우려면 연기자처럼 외우자

외우기를 시도하면 처음에는 잘 외워진다. 그런데 어느 순간부터 잘 외워지지 않는다. 이럴 때일수록 더 집중해야 한다. 배우들은 기계적으로 대사를 외우지 않는다고 한다. 미국 심리학회지 〈심리과학의 최신 경향〉에 따르면 배우들은 감정이나 상황을 이용해 대사를 어렵지 않게 외운다고 한다. 배우들이 한 단어도 빠뜨리지 않고 외우는 방법은 먼저 문장의 주어와 술어를 찾고 살을 붙여가면서 외우는 것이다. 스페인어도 그렇게 외우게 되면 하나의 패턴을 구성할 수 있다.

『필요할 때 통하는 여행 스페인어』를 자세히 보면 대부분의 스페인 문장은 간단히 주어와 술어로 구성되어 있다. 그래서 배우들이 긴 대사를 외우는 것처럼 힘들일 필요가 없다. 배우들이 대사를 완전히 자기 것으로 만들어 능수능란하게 자연스럽게 표현하듯, 스페인어도 그렇게 외워야 내 것으로 만들 수 있다. 연기자들의 일부 대사는 어색한 경우가 있다. 그럴 경우 시청자들은 금방 알아차린다. 몰입도 할 수 없다. 스페인어를 외우는 4달 동안은 배우가 대사를 암기하듯 내 것으로 만들자. 평생 연기를 하면서 한 번도 대사를 틀리지 않았다는 이순재 배우처럼 스페인어 연기를 펼쳐보자.

스마트폰으로 스페인어 공부?
유튜브로 스페인어 듣기

이 책과 함께 스페인어에 호기심을 가졌다면 이젠 혼자서도 스페인어를 공부할 수 있다. 무엇보다 마지막 관문이었던 책 한 권외우기를 성공한 사람이라면 스페인어와 친숙해졌을 뿐 아니라 외국인과 간단한 대화도 할 수 있다. 시야를 조금만 더 넓혀 쉽게 스페인어를 접할 수 있는 방법을 알아보자. 배움의 열정만 있다면 미디어상에 널려 있는 스페인어 프로그램을 만날 수 있다. 특히 유튜브에 '스페인어'라는 단어만 검색해도 여러 사이트를 만날 수 있다.

스페인어는 '마음'이지 '여건'이 아니다. 외국어를 잘하려면, 외국인과 거리낌 없는 대화를 하려면 어학연수 몇 년은 기본인 것처럼 흔히 이야기한다. 물론 언어를 배우기 위해서는 현지만큼 좋은 장소도 없다. 현지에서의 언어 습득이 빠르고 유익하지만 직장인이라면 생업을 포기하면서까지 매달릴 순 없다. 뚜렷한 목표나 장기적 미래를 위해 투자한다는 개념이라면 가능하겠지만 실제 언어 습득을 위해 현지로 이동한다는 것은 쉽지 않다.

　사실 현지에서 언어 습득을 한다 해도 본인들의 의지가 약하다면 한국에서 어학원에 다니는 것과 별반 다를 것도 없다. 수업시간에만 현지인과 대화를 하고 숙소로 돌아와선 혼자만의 시간을 가진다면, 최고 환경에 놓여 있으면서도 그 환경을 최대한 활용하지 못하는 것이 된다. 요즘엔 굳이 외국으로 나가지 않고도 공부할 수 있는 환경적 요소가 풍부하다. 다음은 스마트폰을 활용할 수 있는 공부 방법들이다.

스페인어 학습에 도움이 되는 채널

Butterfly-Spanish www.youtube.com/user/ButterflySpanishola 멕시코인 Ana의 유튜브 채널로 스페인어 시작에 대한 궁금증을 풀어주는 채널	
실비아의 스페인어 멘토링 silviaspanish.co.kr 스페인어를 시작하는 사람들이 가장 먼저 찾는 무료 채널	

기초 스페인어를 배우는 사람들은 무엇보다 현지인들의 발음을 자주 듣는 것이 중요하다. 그래야 가장 빠르게 그들의 언어로 동화될 수 있기 때문이다. 유튜브에 '기초 스페인어'라고만 검색해도 수많은 공부 채널과 영상들을 볼 수 있다. 본인의 취향에 맞는 것을 선택해 최적의 공부 방법을 찾아보자. 유튜브엔 잠드는 시간에 듣고, 배울 수 있는 사이트도 있다. 이 사이트는 기본 스페인어 단어와 구문을 제공하며 현지인이 3번씩 반복해준다. 반복하는 사이에 텀이 있기 때문에 쉽게 따라 외울 수도 있다.

Eko Languages
youtu.be/hm2wo01HBTQ

ShadowingKorean.com
youtu.be/AfS3QMsUptA

외국어를 배울 때 더 쉽게 접근할 수 있는 방법 중 하나는 자신의 관심 분야를 듣는 것이다. 자신이 정말 좋아하는 분야의 스페인어를 듣는 연습을 한다면 듣기 연습에 더 집중할 수 있다. 특히 한국 리포터가 전해주는 그 나라의 문화, 음식, 풍습 등을 들을 때면 여행하는 기분까지 느낄 수 있고 현지인들이 직접 전해주는 스페인어를 생생하게 들을 수 있는 장점이 있다.

지난 2015년 종영한 EBS1 〈세계견문록 아틀라스〉에서는 스페인어를 쉽게 접할 수 있다. '멕시코 맛기행', '페루 맛기행', '지중해 맛기행' 편을 검색하면 현지인들의 스페인어도 듣고 그들의 음식과 문화도 체험해볼 수 있다.

세계견문록 아틀라스: 멕시코 youtu.be/a9WPDySlhAI	
세계견문록 아틀라스: 페루 youtu.be/oRuJCjGaumQ	
세계견문록 아틀라스: 지중해 youtu.be/UUXtD-TP-w0	

무료 영화보기

영화는 말도 빠르고 문화적 풍습까지 담겨 있어 다 알아듣는다는 것은 쉽지 않다. 스페인어와 가장 친숙해지는 방법 중 하나는 무료할 때 영화를 보면서 그들의 세상으로 잠시 빠져보는 것이다. 유튜브에는 많은 스페인어 영화들이 있다. 의지만 있다면 쉽게 스페인어 듣기를 공부할 수 있다. 스페인 영화를 시청하는 방법은 1시간 이상의 영화를 고르지 말고 단편 영화나 드라마를 골라 좀 더 쉽게 접근하는 것이다. 애니메이션 영화나 드라마를 통해 친숙해지는 것도 방법이다. 유튜브에 'pelicula corta'라고 검색하면 단편 영화, 'extra spanish'라고 검색하면 단편 드라마를 볼 수 있다.

Cortometraje El Circo de la Mariposa
youtu.be/P68NB8M1dZs

Extra en Español
youtu.be/Dfb9–ZTCA–E

2002년 월드컵 4강 신화를 이룬 후 한국인들의 축구 사랑은 대단하다. 어린 새싹들은 일찍부터 외국 클럽으로 이동해 선진국 축구를 배우는 것이 정례화된 듯하다. 과거처럼 대학을 졸업하고 입단하는 정례화 과정들은 생략되고 일찍부터 현지로 이동하는 선수들이 많아졌다. 그러면서 쉽게 현지어를 취득해 인터뷰 때도 통역 없이 대화하는 것이 가능해졌다. 스페인으로 이동해서 어릴 때부터 축구를 해온 이승우 선수나 이강인 선수의 인터뷰 영상을 보면 수준 높은 스페인어 실력을 보여준다. 축구도 글로벌 시대인 것 같다. 언어도 실력도 최고인 그들의 인터뷰 영상을 보고 싶다면 유튜브에서 '스페인어 인터뷰'라고 검색하면 쉽게 볼 수 있다. 스페인어 실력을 쌓아온 독자라면 이들의 스페인어를 들으며 또 다른 자극도 받을 수 있다.

스페인어는 마음만 먹고 꾸준히 실천할 의지만 있다면 쉽게 배울 수 있다. 유튜브를 통해 스페인어 공부를 발전시키자. 새로운 인생이 펼쳐질 것이다.

다채로운 음악과 프로그램, 들으며 친해지는 스페인어

STEP 1 부에나 비스타 소셜 클럽 '1930살롱'

부에나 비스타 소셜 클럽은 1930~1940년대 쿠바의 수도 아바나의 멤버스 클럽으로, 쿠바 전통음악이 전성기를 누리면서 연주, 춤, 음악의 중심지가 되었다. 그러나 전성기도 잠시, 1959년 쿠바 혁명이 일어나고 사회주의 이념 음악인 포크송이 주류를 이루면서 쿠바 전통음악은 자연스럽게 뒤로 밀려났다. 부에나 비스타 소셜 클럽과 함께 전성기를 누렸던 음악의 도시 아바나도 자연스레 쇠퇴했고 클럽도 하나둘 문을 닫았다. 클럽과 함께 생계를 유지했던 음악가들도 뿔뿔이 흩어지게 되었고 그들의 천재적인 음악도 그렇게 세상에서 잊혀가는 듯했다.

1995년 쿠바 음악에 매료된 미국의 기타리스트이자 프로듀서인 라이 쿠더Ry cooder와 쿠바 음악가 후안 마르꼬스 곤잘레스Juan de Marcos Gonzalez가 과거 쿠바의 음악천재들을 찾아 밴드를 결성하게 되면서 새로운 전성기를 맞이하게 된다. 밴드 구성원 중 엘리아데스 오초아를 제외하곤 전부 70대 이상의 노인들이었다. 이 천재 음악가들은 결성된 지 단 6일 만에 멋진 하모니와 즉흥 연주로 녹음을 완료하게 된다. 이렇게 만들어진 음반은 전 세계적으로 600만 장 이상 판매되었다.

밴드의 이름인 '부에나 비스타 소셜 클럽'은 옛 클럽의 이름을 그대로 따서 붙인 것이다. 1998년 암스테르담 공연 및 카네기 홀에서의 공연으로 전 세계에 쿠바 음악을 알리게 되었고 아바나의 음악 정신을 나타내는 이름이 되었다. 부에나 비스타 소셜 클럽이란 '환영받는 사교 클럽'이라는 의미다.

지금 아바나에서는 제2, 제3의 부에나 비스타 소셜 클럽 공연이 열리고 있다. 결국 구성 멤버들은 죽어서도 쿠바 음악을 한층 진일보시키고 있으며, 콤빠이 세군도가 생존 당시 다른 멤버와 함께 가장 많이 공연했던 장소인 호텔 나시오날 1930살롱에서 공연이 열리고 있다.

엘 콘도르 파사(El condor pasa; 철새는 날아가고)

페루(잉카)의 민요에 사리몬이 가사를 붙여 가펑클과 같이 불러 널리 알려진 곡이다. 우리말로는 '철새는 날아가고' 정도로 번역할 수 있으며, 우수에 찬 선율이 가슴을 애잔하게 만든다. 잉카의 토속음악을 바탕으로 1913년에 작곡된 〈꼰도르깐끼〉가 원곡이다. 원곡은 정복자의 무자비한 칼날을 피해 마지막 은거지 마추픽추를 떠날 수밖에 없었던 잉카인들의 슬픔을 표현했다. 노래는 가사가 없이 구전으로 전해 내려왔고 페루 전통악기로 연주한 것이 더 많은 사랑을 받았다.

1700년 중엽 스페인 학정에 대한 반란이 일어났다. 반란의 주모자인 호세 가브리엘 꼰도르깐끼는 자신을 뚜빡 아마루 2세Tupac Amaru II라 칭하며 잉카제국의 부활을 시도했지만, 1781년 39살에 스페인군에 사로잡혀 총살당한 후 사지가 찢기는 비참한 최후를 맞이한다. 그가 죽어 콘도르Condor로 환생해 안데스 창공을 날며 원주민들을 보호한다는 전설이 내려오고 있다.

스페인어와 더 친숙해지기 위해서는 라틴 음악을 듣자. 재미가 있어야 즐길 수 있다. 라틴 음악을 많이 듣는다면 스페인어 듣기 연습에도 큰 도움이 될 것이고, 음악을 통해 배운 스페인어는 오랫동안 기억에 남을 것이다. 라틴 음악의 황제로 불리는 훌리오

이글레시아스Julio iglesias는 지성, 감성, 야성을 갖춘 스페인 가수로서 5천 회 이상의 콘서트를 가졌을 정도로 왕성한 활동을 하고 있다. 그의 곡 중 1980년의 대표작인 〈Hey〉, 〈Natalie〉는 로맨틱한 가사와 발라드풍의 곡으로 스페인어 듣기 연습에 그만이다. 차한 잔을 같이하며 스페인 음악의 감성에 취해보자.

한편 라틴 음악의 흥겨움을 전 세계에 알린 인물로는 푸에르토리코 출신 가수인 리키 마틴Ricky Martin이 있다. 리키 마틴은 1998년 월드컵 주제가 〈La copa de la vida〉를 불러 세계적 스타덤에 올랐다. 그의 곡 중 〈Livin la vida loca〉의 스페인어 버전과 〈La copa de la vida〉를 들으며 스페인어에 친숙해져보자. 신나는 음악이나 좋아하는 음악을 들으면 뇌 신경물질인 도파민dopamine의 분비를 활성화시켜 뇌를 춤추게 만든다고 한다.

STEP 3 TV 속 스페인어 찾아보기

사람들은 여행을 선호한다. 시간, 돈, 마음만 허락된다면 어디로든 떠나고 싶어 한다. 물론 3가지가 충족되지 않아도 떠나는 사람이 있고 충족되어도 떠나지 못하는 사람이 있다. 사람들이 여행을 선호하는 이유는 무엇일까? 그동안 익숙해진 풍경, 일상들로부터 잠시 떠나 미지의 세상, 한 번도 경험해보지 못한 세상으로 떠나는 설렘 때문은 아닐까? 그렇게 떠난 여행에서 풍경과 사람에 취해 무심코 걸음을 옮기다 어디선가 아는 선율이 들려오면 자석에 끌리듯 몸은 음악 쪽으로 기운다. 그곳에 도착해보면 이미 딴 세상이 펼쳐져 있다. 선율에 몰려든 사람들은 살포시 미소를 짓고 있고, 주위에는 평소 느낄 수 없는 따뜻한 온기가 가득 차 있다. 선율을 알지 못했다면 그냥 지나쳤을 것이고 평온도 느끼지 못했을 것이다. 아는 만큼 들린다고 했지만 아는 만큼 내 행복을 느끼는 것 같다. 스페인어도 마찬가지다.

현재 한국은 커피공화국이라고 한다. 커피 수입이 세계 7위이며, 2017년에는 265억 잔의 커피를 마셨다고 하니 대단한 커피 사랑이 아닐 수 없다. 그러다 보니 원산지 커피 수입 광고도 종종 TV에서 볼 수 있다. 커피 수입국 중 과테말라나 콜롬비아가 나올 때면 현지 농부의 스페인어를 들을 수 있다. 그 광고를 볼 때면 괜스레 10년 넘게 살았던 멕시코 농부들의 모습이 떠올라, 짧은 광고 시간과 스페인어가 아쉬울 정도다. 함께 공부하는 회원들에게 유튜브 광고를 들려주면 알아듣는 말이 나온다며 좋아한다. 스페인어를 모를 땐 과테말라가 어딘지, 또 그곳에서 커피가 생산되는지도 몰랐다며 스페인어로 세계사 공부까지 하게 된다고 너스레를 떤다. 여기에 과테말라산 커피만 마셔야겠다며 농담도 건넨다.

요즘 TV에서는 쉽게 스페인어를 접할 수 있다. 스페인 관련 TV 프로그램 영향으로 한국 내 스페인 식당의 매출도 상승했다고 한다. 스페인 관련 프로그램의 인기 상승으로 고정 프로그램도 쏟아진다. 스페인어를 배운 사람들은 더 쉽게 현지 스페인어를 접할 수 있다. 방송에서 현지인들의 스페인어를 듣다 보면 마치 실제로 여행하는 기분도 들고, 스페인 사람들의 한국 방문기를 듣다 보면 그들에게 한국 구석구석을 안내하는 기분도 든다. 스페인어 공부를 하지 않았거나 스페인어 책 외우기를 마무리하지 못했다면 이런 희열을 느낄 수 있을까?

스페인어를 공부했기 때문에 들은 이야기가 맞는지 확인도 할 수 있다. 현지에서 나고 자란 것도 아닌데 어떻게 현지인이 하는 말들을 전부 다 알아들을 수 있겠는가? 100% 다 알아듣는 동시통역 수준도 좋지만 짧은 시간의 스페인어 공부로 알아들으며 말할 수 있는 희열감과 현지 여행 시 의사소통에 문제없는 나를 만드는 것이 목표이기 때문에 다 알아듣지 못하는 것에 스트레스받을 필요가 없다. 그런 영어도 100% 알아듣지 못한다. 십수 년 공부한 영어로 말 한마디 못하는 것보다 짧은 시간 스페인어 공부로 말하는 것이 더 중요하다. 멕시코에서 10년을 살며 스페인어를 공부하고 사용했던 나도 100% 다 알아듣지는 못한다.

여기까지 읽었다면 책을 뒤척거리는 호기심 단계를 지나 걸음마를 떼고 신발을 신고 유치원에 들어가는 단계가 되었다. 주위에서 쉽게 들리는 스페인어를 듣고 내 실력도 다지며 스페인어에 더 큰 흥미를 가져보자. 당신은 이미 스페인어로 충분히 발길을 옮겼다.

한국에서도 스페인처럼, 스페인어권 식당 방문기

　언어는 입에서만 맴돌면 안 된다. 그리고 순서대로 외워 내가 다 아는 것 같아도 실전에 돌입하면 아무것도 생각나지 않고 머리가 하얗게 변하는 게 언어다. 왜냐하면 현지인들은 인사부터 순서대로 묻지 않기 때문이다. 그래서 완전히 내 것으로 만들지 않으면 식당에 가도 한마디도 하지 못하고 식당을 나오게 된다.

　실전 연습을 할 때는 '내가 말하는 스페인어의 문법이 맞나?', '혹시 내가 잘못해서 창피당하는 건 아닐까?'라는 사고방식은 던져야 한다. 우리가 영어를 그렇게 오랜 시간 공부했음에도, 막상 현지인들도 풀지 못할 수능영어를 푸는 엄청난 실력을 가졌음에도, 생활영어에 돌입하면 문법, 창피함 등을 먼저 생각하기 때문에 한마디도 못하고 속으로만 옹얼거리게 된다. 현지 식당에서 스페인어를 할 때는 그냥 입에서 나오는 대로, 생각나는 대로 토해 내고 봐야 한다.

나는 회원들과 한 달에 한 번 대전에 있는 'AZTEKILA(아즈테킬라)'라는 멕시코 식당을 찾는다. 처음 식당을 방문했을 때는 모두들 알아듣기만 하고 우물쭈물 한마디도 건네지 못했다. 그러곤 식당을 나와서야 "이제 생각이 난다"면서 왜 배운 대로 대화를 못했는지 모르겠다며 한탄을 하곤 했다. 그래도 첫 번째 방문에서 얻은 것도 있었다. 스페인어로 쓰여 있는 메뉴판을 읽을 줄 알고, 주문도 하면서 마치 멕시코 여행을 하듯 즐거워한 것이다. 한글을 읽지 못한 사람이 처음 한글을 읽었을 때의 기분 같다며 좋아했다.

배움과 실전은 차이가 있다. 배움 과정에서 정확히 자기 것으로 만들지 못했거나 가지고 놀 정도의 수준으로 만들지 못한다면 실전에서는 아무것도 생각나지 않는다. 배울 때 빨리 속도를 내는 것보다 천천히 정확히 해야 제대로 알 수 있고 실전에서 행동으로 옮길 수 있다. 시간 보내기 식으로 대충해왔던 일들은 실전에서 아무 소용이 없다는 것을 우리는 알고 있다. 회원들은 식당을 처음 방문하며 많은 것을 깨달았고 그것이 학업에 매진하는 청량제가 되었음을 실토했다.

두 번째 방문에선 몇 마디 주고받고 흥분하며 짜릿해하는 회원들의 모습을 볼 수 있었다. 두 번째 방문 후 회원들은 식당 방문이 마치 멕시코 여행에서 현지인과 대화하는 것 같이 흥분되었다고 했다. 회원들은 매달 실전 연습을 통해 조금씩 자극을 받고 공부 방법이나 자신의 개선점을 알아가면서 현지인과 대화할 수 있는 수준의 실력을 키웠다. 이젠 스페인 현지에 가도 대화에 문제없을 정도가 되었다.

회원들은 친구들과 멕시코 식당을 방문하기도 한다. 그리고 친구 앞에서 스페인어 실력을 유감없이 발휘한다. 영어는 어느 정도 알지만, 스페인어를 아무도 모르니 인사만 건네도 동시통역 수준으로 본다고 한다. 회원들은 친구들과 식당을 방문할 때면 우쭐해지고 자신감이 생겨 스페인어 배우기를 정말 잘했다며 만족했다. 언어는 생각했던 것보다 새로운 삶의 청량제가 될 수 있다.

TIP 현지인이 운영하는 식당

- 스페인 야시장(spain night market) | 02-333-1775 | 서울시 마포구

  평일 저녁 현지인들의 플라멩코춤 공연이 있다. 스페인 음식도 즐기고 현지인들과 간단한 대화도 즐겨보자.

- Sobremesa(소브레메사) | 02-536-0669 | 서울시 서초구

  직원들 중 반 이상이 외국인이다. 음식을 주문하거나 받을 때 스페인을 방문한

것처럼 스페인어를 연습해보자.

- **EL Cubito**(엘 꾸비또) | 070-4509-9240 | 서울시 종로구

  헤드 셰프가 스페인 사람이다. 음식과 분위기도 즐기면서 스페인어를 연습해
  보자.

- **더 셰프**(The Xef) | 070-8845-7494 | 서울시 용산구

  20년 경력의 스페인 셰프가 추천하는 메뉴가 강점인 곳이다. 단, 예약은 필수다.

- **베무쵸칸티나**(Bemucho CANTINA) | 02-324-8455 | 서울시 마포구

  전통 멕시코 요리전문점으로 외국인들도 많이 찾는 맛집이다. 테이블이 적기
  때문에 스페인어 연습이 용이하다.

- **AZTEKILA**(아즈테킬라) | 042-822-3282 | 대전시 유성구

  멕시코 요리 맛집이다. 손님들이 스페인어를 구사하면 주인장이 쉽게 대화에
  응해주는 곳이다.

매일매일 스페인어, 화상 스페인어 도전하기

언어는 연습이다. 4달 동안 열심히 공부해서 책 한 권을 외웠어도 연습하지 않으면 시간이 지날수록 잊어버리게 된다. 현지인이 운영하는 식당을 방문해 스페인어에 대한 자신감을 가졌다면, 이제 외운 스페인어를 본격적으로 활용하는 실전모드에 돌입하자. 외국어에 대한 인풋input은 과하게 되었는데 아웃풋output, 즉 내보내는 작업이 이루어지지 않는다면 머릿속에서만 맴돌다 소멸해버린다.

내가 처음 스페인어를 배울 때다. 학원에서 2~3문장의 인풋이 있는 날엔 저녁 무렵 근처 공원에서 현지인들과 대화하며 아웃풋하는 시간을 가졌다. 그러면 그들은 내가 외워서 이야기한 부분

중 어디가 틀렸고 무슨 발음이 잘못되었는지 알려주곤 했다. 잘못된 부분이 있으면 미안해하지 말고 바로 말해달라고 요청했기 때문에 가능한 일이었다.

사실 멕시코를 비롯한 남미 사람들은 아무리 싫어도 싫어하는 내색을 하지 않는다. 문장, 발음이 틀려도 수정해달라고 부탁하지 않으면 잘한다, 최고다 하며 좋은 말만 해준다. 수정해주지 않으면 결국 나만 손해다. 수정해줄 땐 기분이 살짝 상했지만 기분 나쁘다고 그때 고치지 않았다면 잘못된 발음은 평생 굳어져버렸을 것이다. 지금 생각해보면 처음엔 기분이 나빠도 장기적으로 보면 고마웠던 일이었다.

그럼 4달 넘게 인풋되었다면 아웃풋하는 가장 좋은 방법은 무엇일까? 스페인어를 배우는 곳이 한국이라면 쉽게 현지인들을 접할 수 없다. 가장 쉽게 접하는 방법은 전화나 화상 스페인어를 이용하는 것이다. 외운 스페인어를 잊어버리지 않고 생활화할 수 있는 가장 좋은 방법이다. 외우는 데 시간을 소비하고, 아웃풋하는 데 시간을 쏟지 않았다면 첫 화상 스페인어 시간엔 입 안에서만 맴돌 것이다. 하지만 단어가 들리는 신기함 때문에 2회 차 수업이 기다려질 것이다. 그렇게 수업에 재미를 가지게 된다면 스페인어 실력은 가속페달을 밟을 것이다.

화상 스페인어는 현지인의 대화 속도에도 적응할 수 있고 틀린

부분, 질문 등을 통해 한 단계 업그레이드된 스페인어 실력을 가질 수 있다. 실력을 쌓다 보면 영어보다 쉽고 편하게 접근할 수 있는 언어가 스페인어임을 깨닫게 될 것이다. 단, 화상 스페인어를 배우고 신청하는 수요가 부족해서 많은 곳에서 운영되진 않는다. 아래에 대표적인 사이트 두 곳을 소개한다.

TIP 화상 스페인어 사이트

- **cuy talk** | cuytalk.com/ko

  페루에 설립된 화상 스페인어 교육 스타트업 cuy talk이다. 학원보다 1/3 이상 저렴한 가격으로 현지인과 효율적으로 대화할 수 있는 곳이다. 홈페이지에 가입하면 무료 체험도 가능하며, 수업시간을 교육센터에서 지정하는 것이 아니라 수강생이 가능한 날짜를 잡아서 예약하는 시스템이다. 왕초보 발음과정부터 DELE 시험 과정까지 개설되어 있다.

- **톡앤톡 화상스페인어** | www.talkandtalkspanish.modoo.at | 02-6205-5921

  다년간의 경험으로 인한 우수 강사진을 보유하고 있으며 일반전화나 스카이프(skype)를 통해 수업을 진행한다. 회당 25분씩 월 8회 신청 시 10만 원 안쪽의 비용으로 대화를 즐길 수 있다. 회화, 시험 대비반 등 다양한 강좌가 구성되어 있다.

평소에도 꾸준히 사용하자, 생활 속 스페인어

STEP 1 다른 사람과 함께 비밀 대화

"Vamos tomar algo?"

"Si, como no."

"아빠, 무슨 이야기하는 거예요?", "아냐, 그냥 엄마랑 이야기한 거야." 석현이는 멕시코에서 태어났으면서도 아빠, 엄마가 이야기하는 것을 전혀 알아듣질 못한다. 우리 부부는 저녁에 술 한잔 하러 가자고 할 땐 꼭 스페인어로 대화한다. 그럼 아들은 아빠, 엄마가 본인한테 비밀스런 이야기, 즉 알아서 안 되는 이야기를 할 때는 스페인어를 사용하는 것으로 생각한다. 그런데 몇 번 이렇게 이야기를 하다 보니 "아빠, 엄마, 술 한잔하러 가자는 거죠?"라며 눈치로 알게 되었다. 그래서 이젠 좀 업그레이드된 대화를 시도한다. 스페인어를 할 줄 알면 스페인어를 전혀 모르는 사람이 있을 경우 편리하다. 가끔 본인 앞에서 스페인어를 사용하면 무시한다며 노발대발하는 사람도 있지만 말이다.

"남편에게 화난 일이 있으면 스페인어로 조용하게 혼잣말을 해요." 스페인어를 배우는 한 회원의 말이다. 남편이 한마디도 알아듣질 못하기 때문에 화난 순간이 사라지고 괜스레 웃음까지 난다고 한다. 스페인어를 배우고 나니 이런 좋은 점도 있다며 배우길 잘했다고 좋아한다. 이후부터 남편과 대화가 어렵다든지, 남편이 말도 안 되는 것을 가지고 화나게 할 때면 그러려니 수긍하면서 스페인어로 욕도 하고 혼잣말로 흉도 보곤 한다니 얼마나 통쾌한 복수인가?

아이들이 말을 듣지 않을 때도 혼잣말로 내뱉곤 한단다. 아이는 눈치로 엄마가 화난 것을 알지만 무슨 말을 하는 줄 모르니 뭐라 대꾸도 못한단다. 무엇보다 느낌은 있는데 엄마가 자기한테 욕을 하는지 정확히 알 수가 없어 혼자 씩씩 댄다고 한다. 단, 화가 나서 스페인어로 말할 땐 최대한 부드럽게 조용히 퍼부어댄다고 한다. 못 알아듣는 것을 보면 스트레스가 해결된다며 자주 이용하는 스페인어 공격법이라 한다.

직장을 다니는 한 회원은 상사 때문에 업무 스트레스가 크다고 한다. 그래서 상사와 이야기할 때 가끔 미소 지으며 스페인어로 욕을 한다고 한다. 그럴 때면 상사가 "뭐라고 이야기하는 거야?", "아, 네 죄송합니다. 어제 수업시간에 배운 스페인어가 생각나서 복습해봤습니다.", "아니 스페인어도 배워?"라며 오히려 놀라곤 한단다. 회원은 상사가 기분 나쁘지 않게 가끔 아주 가끔 스페인어로 욕을 뱉곤 한단다. 복습한다는 핑계로. 멋진 반전이 아닐 수 없다. 하지만 대화 중 자주 사용하다 보면 상대편이 기분 나쁠 수 있으니 조금은 조절하자.

언어는 연습이다. 화상 스페인어 시간을 가지지만 생활 구석구석에 다 활용할 수는 없고 매일 할 수도 없다. 외국어는 한국말 하듯 일상에서 매일 사용해야 한다. 습관적 사용을 위해서는 물을 마실 때면 '¿Estoy tomando agua?'로, '얼마에요?'라며 가게에서 물을 땐 '¿Cuanto cuesta?'로 숙지한 것들을 일상생활에서 억지로라도 꺼내는 연습을 해야 더 오랜 시간 기억할 수 있을 것이다.

외국어는 다른 사람들에게 배우는 언어가 아니라 자신이 자신을 가르쳐서 배울 수 있는 언어라고 한다. 지금까지 배운 스페인어를 스스로에게 매일 가르친다는 심정으로 하나씩 곱씹어 연습하다 보면 더 오래, 더 쉽게 기억할 수 있다. 스페인어를 한국어 쓰듯이 일상에서 사용해보자. 기억도 살리고 재미도 얻으면서 자기 언어로 만들 수 있다.

STEP 2 카카오톡으로 습관 들이기

인간은 편한 것을 좋아하기 때문에 익숙한 습관을 억지로 바꾸기 싫어한다. 새로운 변화에 대한 거부반응인 것이다. 그래서 탄력성의 원리처럼 계속해서 원점으로 돌아가려고 한다. 원점은 변화 없이 기존처럼 머물면 되기 때문에 편하다. 변화는 서툴고 낯설다. 그래서 몸에 맞지 않은 옷을 입은 것처럼 어색하다. 그러다 보니 익숙한 곳으로 돌아가고 싶어 한다. 길도 마찬가지다. 매일 가는 길이지만 오늘은 좌회전을 하지 않고 우회전을 해서 돌아가면 뭔가 낯설다. 하지만 그렇게 돌아가 봐야 긴장감을 안고 주위를 제대로 살펴볼 수 있다. 제대로 된 성찰을 위해선 그렇게 다시 변화를 주어 내 몸에 맞는 습관으로 길들이는 방법밖에 없다. 『강성태 66일 공부법』에서는 변화를 위해서는 기존의 반복되는 일상에 습관으로 만들고 싶은 행동을 붙이면 된다고 했다. 또한 그날 배운 것을 백지 위에 기억나는 대로 적어보는 아주 작은 변화의 습관을 가져보라고 이야기한다.

우리는 지금까지 배운 스페인어를 어떻게 해야 할까? 기억나는 것을 백지 위에 적으며 기억을 더듬어 보듯이, 매일 본인의 카카오톡 단톡방에 활용해보자. 그냥 한국말로 아침인사를 하지 말고 스페인어로 인사를 하고 대화 중간에 생각나는 스페인어가 있으면 스페인어로 물어보기도 하자. 물론 스페인어 단어를 적고 괄호에 한국어 의미도 첨가해주는 것을 잊지 말자. 그렇게 습관을 들이다 보면 배운 스페인어를 일상 속에서 활용하며 더 오랜 시간 기억을 더듬을 수 있다. 단톡방에 초대된 사람들은 처음은 어색하지만 그 어색함이 지나고 나면 오히려 스페인어 단어를 기다릴지도 모른다.

『완벽한 공부법』에서 소개한 "지능과 성격도 변하고 노력만 하면 모든 사람이 변할 수 있다"라는 '성장형 사고방식'처럼 어색한 모든 것은 그렇게 변화의 개혁으로 이끌 수 있다. 『무조건 달라진다』의 저자 숀 영 교수는 "무언가를 쉽게 할 수 있도록 환경을 바꾸면 사람들은 그 일을 수행한다"라고 이야기한다. 스페인어! 더 이상 어색해하지 말고 오늘부터 카카오톡방을 활용하는 환경을 만들어보자.

스페인어와 함께 걷고 일하다, 부엔까미노와 워킹홀리데이

STEP 1 **부엔까미노(Buen Camino: 좋은 순례길)**

스페인어를 배우고 나면 도전하고 싶은 길이 있다. 바로 '산티아고 순례길'이다. 800km의 산티아고 순례길은 1993년 유네스코 세계문화유산으로 지정되었으며, 예수의 12제자 중 야곱의 무덤이 있는 스페인 북쪽 도시 산티아고 데 콤포스텔라Santiago de Compostela까지의 도보길이다. 누구나 한번쯤 버킷리스트로 꼽는 장소일 것이다. 파리로 들어가서 마드리드로 나오는 800km의 대장정을 걷다 보면 길 위에서 진정한 나를 찾을 수 있을 것이다. 스페인어를 배운 사람들이라면, 아니 스페인어를 배우지 않았더라도 걸으면서 가장 큰 교훈을 얻을 수 있는 곳이 바로 산티아고 순례길이다.

산티아고 순례길은 도보 14일, 도보 16일 등 다양한 코스가 있지만, 총 32구간 800km의 대장정을 완주하기 위해서는 총 도보 40일이 소요된다. 800km 대장정 코스는 하루 20~30km를 6~7시간 동안 걷는 코스다. 보통 봄(4~5월)이 가장 걷기 좋은 계절이며, 겨울(11~3월)이 낮은 온도와 비로 가장 걷기가 힘든 계절이다. 순례자 여권을 발급받으면 순례자를 위한 알베르게(Albergue; 숙소)에 투숙할 수 있다.

순례길을 걷다 보면 길 위에서 수많은 사람들을 만난다. 그들과 깊은 대화를 나눌 순 없지만, 순례길 곳곳의 작은 마을 사람들과의 대화에선 영어보단 스페인어로 편하게 대화할 수 있다. 저녁에는 숙소에서 스페인, 남미 사람들과 어울리며 밤늦게 대화를 나눌 수도 있다. 순례길을 걷는 동안 스페인어 대화를 시도하면 더 빨리 내 것으로 만들 수 있고, 힘든 순례길에서 좋은 벗도 만들 수 있다. 스페인어를 배워서 길에서 묻고 걸으며 가장 큰 자부심을 가질 수 있는 곳이 산티아고 순례길이다. 스페인어도 배우고 나를 찾아 떠나는 여행지, 산티아고 순례길을 걸어보자.

STEP 2 워킹홀리데이

2018년 기준 한국과 워킹홀리데이를 체결한 국가는 23개국이다. 23개국 중 스페인어를 사용하는 국가로는 스페인과 칠레가 있다. 사실 한국인에게 인기 있는 영국 워킹홀리데이 경우 정원에 제한도 있고 토익점수도 어느 정도 확보해야 신청이 가능하다. 사실 한국 학생들은 영어에 대한 갈망 때문에 호주, 영국 등 영어권 국가를 신청하는 게 일상적이다.

스페인어 국가의 워킹홀리데이 신청은 어떤가? 이 책을 통해 스페인어에 대한 지식을 쌓았다면 새로운 도전인 칠레 워킹홀리데이는 어떤가? 남미라 위험할 것이라는 편견만 버린다면, 인종차별이 심한 영국이나 호주보다 훨씬 좋은 조건에서 언어도 배우고 일도 구할 수 있다. 우리보다 경제적으로 어려운 칠레에서 새로운 도전의 기회를 가진다면 새로운의 사업 아이템도 얻을 수 있다. 어쩌면 칠레는 새로운 기회의 현장이다. 영어권 워킹홀리데이만 고집할 것이 아니라 스페인어권으로 시각을 좀 더 확장해보자. 아무나 도전하지 않는 남미로의 시각 전환이 행복한 미래를 만들 수도 있다.

미래는 도전하는 자만의 것이다. 스스로 정체되어 있다면 새로운 땅으로 나를 던져보자. 새로운 땅에선 도전에 대한 보답이 반드시 있다. 내가 멕시코로의 이민을 결정했을 때는 스페인어도 몰랐고 연고도 없어 두렵기도 하고 무섭기도 했다. 그런데 부딪쳐보니 사람 사는 곳은 다 똑같았다. 멕시코 도전을 돌이켜보면, 살면서 가장 가슴 뛰었던 10년으로 기억된다. 그때의 경험들이 현재를 살아가게 하는 주춧돌이 되었다. 지금은 무엇을 도전해도 두렵지 않다. 말도 통하지 않았던 타국에서 10년을 먹고살았는데 말 통하는 한국에서야 무엇인들 못 할까?

이 책을 선택한 당신에겐 스페인어를 통해 도전의 길을 걸어갈 힘이 있다. 걸으면서, 일하면서 인생을 배우고 싶지 않은가? 그 출발은 스페인어다. "인생은 흘러가는 것이 아니라 깨워지는 것이다. 우리는 하루하루를 보내는 것이 아니라 내가 가진 무엇으로 채워가는 것이다"라고 영국의 비평가 러스킨이 말한 것처럼 걷고 일하며 도전할 당신에게 스페인어를 추천한다. 도전을 두려워하지 않는다면 스페인어를 시작하자.

스페인어 필수 단어

1. 숫자

0 cero(쎄로)　　　1 uno(우노)　　　2 dos(도스)　　　3 tres(뜨레스)

4 cuatro(꾸아뜨로)　5 cinco(씽꼬)　　6 seis(쎄이스)　　7 siete(씨에떼)

8 ocho(오초)　　　9 nueve(누에베)　　10 diez(디에쓰)　11 once(온세)

12 doce(도쎄)　　13 trece(뜨레쎄)　　20 veinte(베인떼)

30 treinta(뜨레인따)　40 quarenta(꾸아렌따)　50 cincuenta(씬꾸엔따)

2. 시간

어제 Ayer(아예르)　　오늘 Hoy(오이)　　내일, 오전 Mañana(마냐나)

오후 Tarde(따르데)

3. 인사

¡Hola!(올라) 안녕!

¡Buenos dias!(부에노스 디아스) 아침 인사

¡Buenas tardes!(부에나스 따르데스) 오후 인사

¡Buenas noches!(부에나스 노체스) 저녁 인사

¡Bienvenidos!(비엔베니도스) 환영합니다.

Gracias.(그라시아스) 감사합니다.

4. 공항

가방 maleta(말레따)	공항 aeropuerto(아에로뿌에르또)
관광 turismo(뚜리스모)	비행기 avion(아비온)
성씨 apellido(아뻬이도)	왕복 ida y vuelta(이다 이 부엘따)
여권 pasaporte(빠사뽀르떼)	이름 nombre(놈브레)
입구 entrada(엔뜨라다)	예약 reservacion(레쎄르바씨온)
짐 equipaje(에끼빠헤)	창문 ventana(벤따나)
출구 salida(살리다)	취소하다 cancelar(깐셀라르)
통로 pasillo(빠시오)	편도 ida(이다)
환영 bienvenidos(비엔베니도스)	휴가 vacacion(바카시온)

5. 숙소

더 싸게 mas baratas(마스 바라따스)	방 habitacion(아비따시온)
방값 tarifa de la habitacion(따리파 데 라 아비따시온)	
비누 jabon(하본)	선풍기 ventilador(벤띨라도르)
수건 toalla(또아야)	

에어컨 aire acondicionado(아이레 아꼰디시오나도)

열쇠 llave(야베)　　　　　　　이불 frazada(프라사다)

차가운 물 agua fria(아구아 프리아)

뜨거운 물 agua caliente(아구아 깔리엔떼)

침대 cama(까마)　　　　　　　하룻밤 una noche(우나노체)

6. 식당

감자 papa(빠빠)	과일 fruta(프루따)
계산서 cuenta(꾸엔따)	닭고기 pollo(뽀요)
돼지고기 cerdo(세르도)	매운 picante(삐깐떼)
맥주 cerveza(쎄르베사)	메뉴판 carta(까르따)
물 agua(아구아)	바닷가재 langosta(랑고스타)
밥 arroz(아로스)	생선 pescado(뻬스까도)
새우 camaron(까마론)	소고기 res(레스)
소스 salsa(살싸)	소금 sal(쌀)
스프 sopa(소빠)	식당 restaurate(레스따우란떼)
아이스크림 helado(엘아도)	아침식사 desayuno(데사이우노)
와인 vino(비노)	양파 cebolla(세보야)
얼음 hielo(이엘로)	얼음과 함께 con hielo(꼰 이엘로)
얼음 없이 sin hielo(씬 이엘로)	여기서(먹는다) por aqui(뽀르 아끼)
음료 bebida(베비다)	음식 comida(꼬미다)
저녁식사 cena(쎄나)	주스 jugo(후고)

커피 cafe(까페)   컵 vaso(바소)

콜라 coca(꼬까)   팁 propina(쁘로삐나)

튀기다 frito(프리또)   포장 para llevar(빠라 예바르)

햄버거 hamburguesa(암부르게사)   빵 pan(빤)

7. 관광

관광안내소 informacion turistica(인뽀르마시온 뚜리스띠까)

공원 parque(빠르께)   돈 dinero(디네로)

메시지 mensaje(멘사헤)   사진 foto(포또)

여기(장소) aqui(아끼)   여행 viaje(비아헤)

오른쪽 derecha(데레챠)   왼쪽 izquierda(이스끼에르다)

인기 popular(뽀뿔라르)   전화 telefono(뗄레포노)

재미 interesante(인떼레산떼)   직진 todo derecho(또도 데레초)

차례 turno(뚜르노)   쓰레기 basura(바수라)

카메라 camara(까마라)

8. 쇼핑몰 및 교통

가격 precio(프레시오)   공짜 gratis(그라티스),

비싸다 caro(까로)   선물 regalo(레갈로)

카드 tarjeta(따르헤따)   현금 efectivo(에펙티보)

깎다 descuenta(데스꾸엔따)   싸다 barato(바라또)

내린다(버스) **bajan**(바한)   버스 **bus**(부스)

터미널 **terminal**(떼르미날) 택시 **taxi**(딱시)

9. 날씨

바람 **viento**(비엔또)   덥다 **calor**(깔로르)

비가 오다 **llovia**(유비아) 춥다 **frio**(프리오)

10. 기타

가족 **famillia**(파밀리아) 같다 **igual**(이구알)

결혼한 **casado**(까사도) 경찰 **policía** (폴리씨아)

남자 **hombre**(옴브레) 담배 **cigarro**(씨가로)

다시 **otra vez**(오뜨라 베스) 닫다 **cerrar**(세라르)

마르다(날씬) **delgado**(델가도) 많이 **mucho**(무쵸)

병원 **hospital**(오스삐딸) 쉬운 **facil**(파실),

아프다 **enfermo**(엔페르모) ～앞 **frente**(프렌떼)

어려운 **dificil**(디피실) 여자 **mujere**(무헤레)

열다 **abrir**(아브릴) 예쁘다 **bonita**(보니따)

작다 **pequño**(뻬께뇨) 작별인사 **adios**(아디오스)

잘생긴 **guapo**(구아뽀) 조금 **poco**(뽀꼬)

좋은 **bueno**(부에노) 집 **casa**(까사)

책 **libro**(리브로)   친구 **amigo**(아미고),

하얀 blanco(블랑꼬)   한국 사람 Coreano(꼬레아노)

항상 siempre(씨엠프레)   화장실 baño(바뇨)

뚱뚱하다 gordo(고르도)   빨리 rapido(라피도)

한국 대사관 Embajada de Corea(엠바하다 데 꼬레아)

여행 시 꼭 알아야 할 스페인어 50문장

◆ 처음 만날 때

1. ¿Como esta?(꼬모 에스따) 어떻게 지내요?

> Bien, gracias.(비엔, 그라시아스) 괜찮아요, 감사합니다.

2. ¿De donde eres?(데 돈데 에레스) 어느 나라에서 오셨죠?

> Soy de Corea del sur.(쏘이 데 꼬레아 델 수르) 한국에서 왔습니다.

3. ¿Como te llamas?(꼬모 떼 야마스) 이름이 어떻게 됩니까?

> Me llamo Marco.(메 야모 마르코) 마르코입니다.

4. Mucho gusto.(무쵸 구스또) 만나서 반갑습니다.

5. Estoy viajando.(에스또이 비아한도) 여행 중입니다.

6. Muy amable.(무이 아마블레) 매우 친절합니다.

7. Hasta luego.(아스타 루에고) 나중에 봅시다.

◆ 쇼핑몰에서

8. ¿Cuanto cuesta?(꾸안또 꾸에스타) 얼마입니까?

9. Muy Caro.(무이 까로) 너무 비쌉니다.

> Mas barato, por favor.(마스 바라또, 뽀르 파보르)
> 싸게 주세요.

> Descuenta, por favor.(데스꾸엔따, 뽀르 파보르) 깎
> 아주세요.

10. ¿Algo mas?(알고 마스) 더 필요한 게 있습니까?

> Nada mas.(나다 마스) 없습니다.

11. Quiero pagar en efectivo.(끼에로 빠가르 엔 에펙티보) 현금으로 계산
하겠습니다.

◆ 택시와 버스에서

12. ¿A Donde va?(아 돈데 바) 어디 가십니까?

> Terminal, por favor.(떼르미날, 뽀르 파보르) 터미
> 널 부탁합니다.

13. Un boleto para madrid, por favor.(운 볼레또 빠라 마드리드, 뽀르 파
보르) 마드리드 티켓 한 장 부탁합니다.

14. ¿A que hora sale?(아 께 오라 살레) 몇 시에 출발합니까?

◆ 숙소에서

15. ¿Tiene una habitacion?(띠에네 우나 아비따시온) 방 있습니까?

¿Cuanto cuesta la noche?(꾸안또 꾸에스타 라 노체) 하룻밤에 얼마입니까?

¿Puedo ver la habitacion?(뿌에도 베르 라 아비 따시온) 방을 볼 수 있나요?

16. ¿Esta incluido el desayuno?(에스타 인클루이도 엘 데사이우노) 아침 식사 포함입니까?

◆ 식당에서

17. ¿Donde esta el baño?(돈데 에스타 엘 바뇨) 화장실이 어디 있습니 까?

18. ¿Que quiere tomar?(께 끼에레 토마르) 무엇을 마시겠습니까?

19. ¿Que te gusta?(께 떼 구스타) 무엇을 좋아합니까?

Me gusta el cafe.(메 구스타 엘 카페) 커피를 좋아 합니다.

20. Agua con hielo, por favor.(아구아 꼰 이엘로 뽀르 파보르) 얼음물 주 세요.

21. ¿Comer aquí o para llever?(빠라 코메르 아끼 오 빠라 예바르) 드시 고 가시나요, 가져가시나요?

22. Muy rico.(무이 리꼬) 맛있습니다.

23. La cuenta, por favor.(라 꾸엔따 뽀르 파보르) 계산서 주세요.

◆ 관광안내소에서

24. ¿Habla español?(아블라 에스파뇰) 스페인어 말합니까?

　　　　　　　　Si, un poco.(씨 운 포코) 네, 조금 합니다.

25. No entiendo.(노 엔띠엔도) 이해하지 못했어요.

26. Mas despacio, por favor.(마스 데스파시오, 뽀르 파보르) 천천히 말씀
해주세요.

27. ¿Tiene un folleto?(띠에네 운 뽀예또) 안내서 있습니까?

28. ¿Es gratis?(에스 그라티스) 무료입니까?

◆ 일상에서

29. ¡Ayúdeme!(아유데메) 도와주세요.

30. ¡Buenos días!(부에노스 디아스) 아침 인사

　　　　　　¡ Buenas tardes!(부에나스 따르데스) 점심 인사

　　　　　　¡ Buenas noches!(부에나스 노체스) 저녁 인사

31. Con Permiso.(꼰 뻬르미소) 실례합니다.

　　　　　　Lo siento.(로 시엔또) 미안합니다.

32. No sé.(노 쎄) 모른다.

33. No tengo.(노 뗑고) 없다, 가지고 있지 않다.

34. ¿Dónde puedo tomar un taxi?(돈데 뿌에도 또마르 운 딱시) 택시를
어디서 탈 수 있습니까?

35. Hace frio.(아쎄 프리오) 날씨가 춥습니다.

　　　　　　Hace calor.(아쎄 깔로르) 날씨가 덥습니다.

36. **¿Dónde vive?**(돈데 비베) 어디서 사십니까?

　　　　　　　Vivo en Seoúl.(비보 엔 쎄울) 서울에 삽니다.

37. **¿Dónde está la casa de cambio?**(돈데 에스타 까사 데 깜비오) 환전

소가 어디 있습니까?

38. **Me gusta.**(메 구스따) 좋다.

39. **Propina, por favor.**(쁘로삐나 뽀르 파보르) 팁 부탁합니다.

40. **Adiós.**(아디오스) (헤어질 때) 안녕

41. **Un momento.**(운 모멘또) 잠깐만요.

42. **¿Qué es esto?**(께 에스 에스또) 이것이 무엇입니까?

43. **¡Qué bonita!**(께 보니따) 예뻐요.

◆ 기타

44. **Pasaporte, por favor.**(빠싸뽀르떼, 뽀르 파보르) 여권 부탁합니다.

45. **A esta dirección, por favor.**(아 에스따 디렉씨온, 뽀르 파보르) 이 주소
로 부탁합니다.

46. **Asiento de ventanilla, por favor.**(아씨엔또 데 벤따니야, 뽀르 파보르)
창가 좌석으로 부탁합니다.

　　　　　　　Asiento de pasillo, por favor.(아씨엔또 데 빠씨
요, 뽀르 파보르) 통로쪽으로 부탁합니다.

47. No funciona.(노 푼씨오나) 작동이 안 됩니다.

48. ¿Dónde está la entrada?(돈데 에스따 라 엔뜨라다) 입구가 어디입니까?

¿**Dónde está la salida?**(돈데 에스따 라 살리다) 출구는 어디입니까?

49. Quiero cambiar mi reserva.(끼에로 깜비아르 미 레쎄르바) 예약을 바꾸고 싶습니다.

50. Estoy enfermo.(에스또이 엔페르모) 몸이 안 좋아요.

인생 후반부를 바꾸어준 스페인어

이선영(50세)

40대 중반, 이탈리아로 여행을 간 적이 있다. 일행 중에는 50대 초반으로 보이는 여성이 있었는데 이태리어를 말하는 모습이 무척 인상적이었다. 이태리어를 하는 것도 신기했지만, 여행 내내 그 언어를 공부하는 모습이 여행 후에도 머릿속에서 떠나지 않았다. 나도 이태리어를 해보고 싶어 인터넷 강의를 들으며 혼자 공부했지만 쉽지 않았다. 그렇게 포기할 즈음 성당에서 스페인어 강좌를 연다는 소식을 들었다. 스페인어는 이태리어와 비슷한 부분이 많고 중국어 다음으로 많이 사용한다는 말에 솔깃했다.

첫 수업시간, "Hola! Como estas?"라는 인사말을 배웠을 때 가슴이 두근거렸다. 그 인사말 하나로 마치 스페인어를 다 배운 듯한 기분이었다. 매주 스페인어를 배우는 시간이 참 행복했다. 스페인의 식당, 상점, 공항 등 책에 나오는 모든 상황 속에 내가 있는 것 같았고, 책 속 주인공들과 직접 대화를 나누는 기분이었다. 수업 후 가족들에게 스페인어로 말하기도 하고, 길을 지나가다 스페인어로 쓰여 있는 간판을 보면 괜히 아는 척하기도 했다. 멕시코 사람이 운영하는 식당에 갈 때면 마치 스페인에 가는 듯 설렜다.

하지만 설렘도 잠시, 멕시코 사람과 대화를 할 때 말은 이해했어도 막상 대답하려니 말이 입안에서만 맴돌았다. 생각나는 대로 그냥 말하면 되는데, 잘못된 습관 탓에 문법은 맞는지, 틀리는 건 아닌지 이리 재고 저리 재다 결국 말도 못하고 오곤 했다. 그때마다 '이 말도 해볼 걸, 저 말도 해볼 걸' 하며 얼마나 가슴을 쳤는지.

언어는 잘하려고 하면 할수록 더 못하는 것 같다. 외국인들이 한국어를 말할 때 아는 단어만 나열해도 다 알아들을 수 있는 것처럼, 우리도 그렇게 하면 되는데 틀릴까봐 두려워하고 매끄럽게 잘하려다 맨날 제자리걸음만 한다. 돌이켜보면 이탈리아 여행에 함께했던 그 여성도 "실례합니다", "감사합니다" 등 간단한 대화 위주로 말을 했다. 하지만 잘 못한다고 해서 전혀 두려워하지 않았다. 그래서 더 멋있었던 것 같다. 만약 스페인 여행을 가서 "화장실이 어디 있어요?", "이름이 뭐예요?", "저는 한국에서 왔어요" 등 몇 마디만 할 줄 알아도 얼마나 멋져 보일까? 스페인어를 외우고 익히면서 스페인어 책을 펼칠 때면 한글을 깨우친 것처럼 기쁘다. TV 프로그램에서 스페인어라도 들리면 설거지도 멈추고 TV 앞으로 달려간다.

내 나이 이제 오십. 스페인어를 배우며 한 가지 꿈이 생겼다. 이제는 짜인 대로 구경하는 패키지여행에서 벗어나 스스로 계획하고 찾아가 그들의 문화 속에 머무르는 여행을 하고 싶다. 그리고 꾸준히 공부하고 노력해서 스페인 또는 중남미 여행 가이드가 되어 있는 내 모습도 꿈꿔본다. 정말 멋진 꿈이지 않은가? 스페인어가 나의 인생 후반부를 어떻게 바꿔놓을지 정말 기대된다.

무언가를 배우는 데 늦은 때는 없다

이은숙(59세)

성당에서 재능기부의 일환으로 스페인어를 가르쳐준다는 소식에 막연히 신청했다. 딱히 스페인어를 배우고 싶은 것도 아니었고 스페인 여행을 하고 싶다는 목표가 있었던 것도 아니었다. 개설된 과목 중에 오로지 스페인어만 시간이 맞았기 때문이었다. 처음 시작할 땐 큰 관심도 없었고 이 나이에 공부를 한다고 얼마나 활용할 수 있을까 하는 소극적 마음이 더 컸다. 공부하는 데 있어 가장 큰 적은 나이에 대한 고정관념이었다.

그러나 조금씩 공부를 하다 보니 스페인어가 다른 언어보다 익히기도 쉬웠고 재미도 있었다. 어린아이가 글을 배우면 무엇이든 읽어보려고 하듯 스페인어 글자를 보면 무작정 소리 내 읽었고, TV에서 스페인에 관한 이야기가 나오면 자연스럽게 집중하게 되었다. 좀 더 열심히 하려고 집에서는 책으로, 밖에서는 휴대폰에 저장해서 공부했다. 또한 간단한 대화는 스페인어로 하려고 노력했다.

스페인어 공부를 하면서 생활에 많은 변화가 생겼다. 느슨했던 장년의 생활에 활기를 불어넣었고, 학원에 다니지 않으면서도 스페인어를 할 수 있다는 자신감은 모든 생활에 적극적으로 임하게 만들었다. 그리고 앞으로는 스페인 가족여행을 계획하고 있다. 현지에서 스페인어로 대화하며 가족을 안내한다는 일이 얼마나 멋진 일인가! 손자 앞에서 스페인어를 하는 할머니의 모습은 또 어떨까? 나에게 자신감을 안겨준 스페인어 공부를 앞으로도 놓지 않을 것이다. 스페인어는 참 아름다운 언어다.

새로운 도전의 기쁨을 맛보라!

배기숙(54세)

세 아이의 엄마이자 직장인으로 생활하며 너무 지쳐 모든 걸 놓고 싶었던 2015년 가을, 스페인 동아리를 만났다. 첫 만남부터 가슴이 뛰었다. 여유롭지 못했고 무언가에 쫓기듯 힘든 나날이었던 당시에 스페인어는 사막의 오아시스였다. 일주일에 1번 수업을 들었고, 배움의 반복을 위해 카카오톡과 밴드 어플로 부족한 부분을 보충했다. 완벽한 출석률과 열정으로 배움을 키워 갔고, 연말 크리스마스 행사에선 스페인 가사를 외워 노래를 부르기도 했다.

스페인어 현장 실습의 일환으로 멕시코인이 운영하는 식당에 가서 그동안 배운 스페인어로 대화하는 시간도 가졌다. 멕시코인의 빠른 스페인어를 알아듣지 못할 땐 아직 멀었다는 자괴감이 들기도 했다. 하지만 점점 아는 단어도 들리고 짧은 대화가 가능해지기 시작하면서 날아갈듯 한 희열을 느꼈다.

책 1권을 마치고, 두 번째 책을 배울 땐 어렵다는 생각이 전혀 들지 않았다. 두 번째 책은 통째로 외우는 데만 주력했다. 하지만 외우고 돌아서면 입에서만 맴돌 뿐 말이 잘 나오지 않았다. 더 많은 노력이 필요하단 생각에 출퇴근하면서 반복적으로 회화를 듣고 따라 했다. 그런 훈련 덕분에 자연스럽게 대화를 할 수 있는 수준까지 올라서게 되었다. 스페인어를 배우면서, 삭막하고 빡빡했던 간호사로서의 일상은 자신감과 성취감으로 채워졌고 하루하루가 기쁨의 나날이 되었다.

나는 "포기는 배추 셀 때 쓰는 말이다"라는 말을 좋아한다. 포기하지 않고 꾸준히 한다면 누구나 스페인어를 할 수 있다. 나의 소원은 같이 공부한 식구들과 함께 스페인에 가는 것이다. 스페인 여행을 하며 음식을 주문하고, 길을 물으며 현지인과 대화하는 상상을 해본다. 상상만으로도 가슴이 뛰고 벅차다. 여러분도 늦지 않았다. 나에게 가슴 뛰는 열정을 느끼게 해준 것은 바로 스페인어였다. 여러분도 그 기쁨을 꼭 느껴보았으면 한다.

나의 시작은 제로에서

박옥화(54세)

우연한 기회에 영어나 중국어가 아닌 스페인어를 시작하게 되었다. 우리는 '스페인어를 배워 산티아고 성지 순례를 가보자'는 목표를 세우고 회화 위주로 공부했다. 6개월 늦게 합류한 나는 무작정 돌진하는 돈키호테처럼 막무가내로 외우고 또 외우며 스페인어를 공부했다. 하지만 익숙지 않은 스페인어를 배우는 것은 쉽지 않았다. 아무리 외워도 돌아서면 금방 잊어버렸다. 스페인어를 배워 산티아고 성지 순례를 간다는 꿈이 점점 멀어지는 것만 같았고, 스페인 사람과 의사소통할 수 있을 거라는 긍정적 사고도 점점 사라져만 갔다. 더욱이 일상 속 다른 일들로 인해 스트레스까지 밀려올 땐, 스페인어가 내 삶의 순위에서 멀어지기만 했다.

하지만 선생님은 이렇게 말씀하셨다. "우리는 학점을 위한 공부를 하는 게 아닙니다. 여행에 필요한 간단한 회화를 하는 것이 목표입니다. 스트레스 받지 마세요. 외우다 안 되면 100번 더 외우시면 됩니다. 그냥 즐기세요." 이 말을 통해 배움의 행복을 알게 되었고 이 행복한 감정이 몰입할 수 있도록 도와주었다.

이때부터 '스페인어 배우기'는 고달픔을 벗어나게 하는 놀이이자 일상의 탈출구가 되었다. 스페인 가요를 부르기 위해 가사를 외웠고, 그 곡에 맞춰 춤을 추기도 했다. 또 멕시코 사람이 운영하는 식당에서 회화 연습을 하기도 했다. 스페인어에 관심이 많아지면서 일상에서 사용하는 스페인어를 듣고, TV 맥주광고, 냉장고, 자동차, 간판 이름까지 스페인어란 스페인어를 모조리 읽는 재미를 즐겼다. 스페인어는 점점 흥미로운 언어로 변해갔다. 그리고 마침내 나의 생각도 표현할 수 있게 되었다. 나는 이제 새로운 꿈을 꾼다. 4급 스페인어 자격증 시험에 도전하는 것이다. 세계화 시대인 요즘, 나는 꿈을 가진 행복한 아줌마다.

나는 영어보다
스페인어를
배우기로 했다

초판 1쇄 발행 2019년 11월 15일

지은이 남기성
펴낸곳 원앤원북스
펴낸이 오운영
경영총괄 박종명
편집 최윤정 · 김효주 · 채지혜 · 이광민
마케팅 안대현 · 문준영
등록번호 제2018-000058호(2018년 1월 23일)
주소 04091 서울시 마포구 토정로 222 한국출판콘텐츠센터 306호 (신수동)
전화 (02)719-7735 | **팩스** (02)719-7736
이메일 onobooks2018@naver.com | **블로그** blog.naver.com/onobooks2018
값 15,000원
ISBN 979-11-7043-038-4 03320

이 도서의 국립중앙도서관 출판예정도서목록(CIP)은 서지정보유통지원시스템 홈페이지(http://seoji.nl.go.kr)와
국가자료종합목록 구축시스템(http://kolis-net.nl.go.kr)에서 이용하실 수 있습니다.(CIP제어번호 : CIP2019043917)

※ 원앤원북스는 독자 여러분의 소중한 아이디어와 원고 투고를 기다리고 있습니다.
　원고가 있으신 분은 onobooks2018@naver.com으로 간단한 기획의도와 개요, 연락처를 보내주세요.